AF309402

ENQUÊTE PUBLIQUE

SUR LE COMMERCE

DE LA BOULANGERIE

ET

DE LA BOUCHERIE

À BORDEAUX

BORDEAUX

TYP. E. FORASTIÉ & FILS, IMPRIMEURS DE LA VILLE,

3, rue Arnaud-Miqueu, 3.

1871

SOMMAIRE

CHERTÉ ET BON MARCHÉ

Tout le monde demande la *vie à bon marché*, et l'on se plaint sans cesse de la *cherté* croissante des choses nécessaires. La cherté s'étend à tout, disent les uns, parce que l'argent diminue sans cesse de valeur; et d'autres, s'emparant de cette déclaration, soutiennent que de cette unique cause vient l'exagération (simplement apparente) des dépenses des particuliers et de certaines communes. Le Rapporteur du budget de Paris soutenait, il y a deux ou trois ans au plus, que l'une des causes principales de l'aggravation des dépenses était la dépréciation évidente des métaux précieux. On le voit, il est très-utile de savoir ce qu'il y a de vrai ou de faux dans ces affirmations : essayons de résoudre la question.

Un fait certain, c'est que le bas prix de toutes choses dans un pays indique une pauvreté générale. Chacun y produit à grand'peine les objets qui lui sont indispensables; quand, par extraordinaire, une famille n'a pas consommé toutes ses provisions, elle prête son excédant à un voisin qui, l'année suivante, le lui rend en nature.

Pourquoi y a-t-il très-peu d'argent dans un tel état social ? C'est parce qu'il y est inutile. Le rôle de l'argent, en effet, consiste à répartir de l'un à l'autre les produits disponibles : à quoi bon son intervention quand il n'existe pas de produits à répartir ? Ce n'est donc pas l'argent qui est rare dans un tel pays, ce sont les produits *épargnés* ou *mis de côté*; les produits *épargnés* seuls ont la puissance d'attirer l'argent, de même que les marchandises à transporter attirent les voitures et les navires. Le *bon marché* de toutes choses, dans le pays dont nous parlons, vient généralement de ce que les *excédants* ne trouvent pas *sur place* leur débouché ordinaire, et que leur *déplacement* pour les transporter dans le lieu de consommation devient onéreux par le manque de routes praticables. Le transport absorbe grande partie de la valeur du produit, de là le *bon marché* constaté sur le lieu de production ; mais la hausse se fait au fur et à mesure du perfectionnement des routes.

En ce qui touche la dépréciation proprement dite des métaux précieux, comme cause de cherté générale, les faits les plus patents contredisent cette opinion si répandue. Si cette dépréciation était réelle une hausse générale se serait produite sur toutes choses, et cela n'est pas ; car, d'après l'état comparatif des valeurs de douane pour 1826 et 1866, s'il y a hausse sur certains objets, il y a une baisse marquée sur certains autres. La hausse s'est produite sur les chevaux, la viande de boucherie, le beurre, les œufs, la soie et une certaine quantité de matières premières. Il y a baisse, au contraire, sur un grand nombre d'objets manufacturés, tels que draps, tapis, tissus de coton, toile de lin, poterie, verrerie, coutellerie, papeterie, etc., et deux articles d'une importance exceptionnelle, le blé et le vin, sont restés stationnaires et n'ont varié que suivant l'abondance ou la pénurie de récoltes.

Il est très-vrai que, depuis vingt ans, la production de l'or a été considérable ; mais ce surcroît de production, loin d'encombrer le marché, n'a fait que l'élargir. L'or, par son faible volume, a été préféré à l'argent ; puis la construction des chemins de fer et l'application de l'électricité à la transmission de la correspondance ont tellement multiplié les échanges, qu'il a fallu, pour les effectuer, non-seulement la surabondance de production de l'or, mais encore une circulation énorme de billets de banque, de lettres de change et de chèques ; il est utile aussi de faire observer que l'aisance générale a fait affluer l'or vers les emplois industriels. De tout cela, il résulte naturellement qu'en regard de l'accroissement de la quantité des métaux précieux, les autres capitaux de toute nature se sont accrus dans la même proportion, en vertu d'une loi admirable d'équilibre économique qui empêche toute perturbation subite dans les échanges du monde. A mesure, en effet, de leur extraction des mines, les métaux précieux demandent leur contre-valeur, et ont ainsi le pouvoir de commander une quantité de travail industriel égale à la quantité de travail nécessitée par leur extraction ; de ce débouché constant et régulier, vient sans doute le maintien sans variation sensible de la valeur relative de l'argent et de l'or, malgré la disproportion considérable de la production respective des deux métaux pendant ces vingt dernières années. Ne résulte-t-il pas également de ce fait une preuve nouvelle de la non dépréciation des métaux qui servent à faire circuler les autres richesses du monde ?

La thèse que nous venons de soutenir semble corroborée par d'autres faits et notamment par le tableau comparatif des valeurs dont nous avons déjà parlé.

En dehors des besoins moraux, dont nous n'avons pas ici à nous occuper, il faut à l'homme qui vit en société trois choses indispensables :

    1° La nourriture;

    2° Le vêtement;

    3° Le logement.

Nourriture. — La nourriture essentielle qui se compose, suivant les climats, de blé, de seigle, de sarrasin, de maïs, de châtaignes, de pommes de terre, de riz, de légumes, de vin, cidre, bière, n'a pas sensiblement varié depuis cinquante ans. Les variations, quand il s'en produit, viennent de l'abondance ou de la réduction des récoltes ; elles viennent aussi de l'abus des taxes, comme cela se voit pour les vins, les spiritueux, le sucre. Il y a hausse permanente, au contraire, sur les objets de luxe ou d'une production limitée, et cette hausse se fait à mesure de l'accroissement de la population et des progrès de l'aisance générale. Cela s'observe pour la viande de bœuf, de veau et de mouton, la volaille, les œufs, le gibier, le poisson, le beurre, et pour tous les mets de fantaisie. La viande de bœuf et de mouton est toujours à très-bon marché dans les pays peu habités et peu cultivés, comme en Australie, à la Plata, parce que les pacages y sont très-abondants ; dans de telles contrées, on nourrit le bétail à peu de frais ; mais, à mesure que l'augmentation de population nécessite des défrichements, le nombre des troupeaux diminue et le prix de la viande s'élève graduellement. Cette hausse ne s'arrête que quand elle permet de cultiver des fourrages artificiels dans des terres à céréales. Nous sommes parvenus à cette période économique en France, en Belgique et en Angleterre, sinon dans toute l'étendue de ces pays, au moins près des centres les plus riches et les plus populeux. Les variations dans le prix de la viande dans notre pays ne peuvent plus être très-grandes dans un sens ou dans l'autre, et ne proviendront dans l'avenir que de celles sur les fourrages, les suifs et les cuirs. Nous ne parlons pas des cas extraordinaires de guerre, de pillage et d'épizootie ; ces cas exceptionnels, dont malheureusement la France souffre en ce moment d'une façon cruelle, ne détruisent en rien la règle générale des temps ordinaires.

Vêtement. — Il ne sera pas difficile d'établir que les objets de première nécessité, tels que le drap, les cotonnades, les toiles de lin et de chanvre, la bonneterie, sans en excepter les chapeaux d'homme, ont sensiblement diminué de valeur. Il n'y a peut-être que la chaussure qui ait un peu augmenté par suite de la production limitée du cuir et la hausse de la main-d'œuvre, et encore est-on parvenu, par une division du travail mieux entendue, et par l'emploi de moyens mécaniques, à modérer cette tendance. Il n'y a de hausse bien réelle que sur les articles de luxe et sur ceux, principalement, destinés à la toilette des dames.

Logement. — Il se subdivise en logement, proprement dit, et en ameublement. La construction coûte cher dans les centres populeux par suite de la hausse de la main-d'œuvre et du transport des gros matériaux amenés de loin ; mais on ne doit pas perdre de vue que les forts loyers, dans les grandes villes, ont moins pour cause les frais de construction que le prix excessif des terrains produit par toute vaste agglomération. Les droits d'octroi enchérissent aussi les loyers, car ils grèvent d'abord les matériaux, puis la nourriture des ouvriers, d'où nécessairement la hausse forcée des salaires. Dans les campagnes et dans les villes au-dessous de dix mille habitants, le logement ne coûte guère plus cher qu'en 1826, car les terrains y sont à bas prix, et l'économie des transports, par des routes mieux entretenues et les chemins de fer, y compense largement l'augmentation de la main-d'œuvre.

On peut dire la même chose de l'ameublement. Quand on le veut simple, on ne le paie guère plus cher qu'autrefois ; il y a même une baisse assez notable sur les étoffes de laine et de coton servant aux tentures, sur les tapis, sur les ustensiles en fer et en cuivre, sur l'horlogerie, les poteries, les porcelaines, les verreries, etc. ; et cette baisse sera encore plus considérable à mesure que disparaîtront les droits dits *protecteurs,* car ils grèvent encore la plupart de ces articles de 10 à 20 p. %, ou plutôt de 20 à 30, si on y ajoute les frais de déplacement quand on demande ces objets à l'étranger.

De l'exposé qui précède, nous croyons pouvoir conclure :

Que la valeur des métaux précieux n'a pas sensiblement varié depuis une quarantaine d'années ;

Que la hausse de certaines marchandises, de certaines denrées, ne vient pas d'une prétendue baisse de l'or et de l'argent ;

Que les besoins d'un ménage modeste à la campagne ou dans les petites villes n'exigent pas, aujourd'hui, dans leur ensemble, un emploi d'espèces métalliques plus considérable qu'en 1826 ;

Que si, en fait, il est incontestable qu'on dépense en général une somme plus élevée, cela vient, à notre avis, de ce que le travail étant devenu plus productif, l'accroissement de l'épargne a permis de satisfaire à des besoins plus nombreux.

Donc, il est dangereux de soutenir, pour excuser le luxe effréné de quelques particuliers et les dépenses improductives très-exagérées de certaines villes, que le chiffre élevé de leurs budgets vient de la baisse de l'or et de l'argent.

M. M.

RAPPORT

DE LA COMMISSION D'ENQUÊTE

SUR LE COMMERCE

DE·LA BOULANGERIE ET DE LA BOUCHERIE

LU AU CONSEIL MUNICIPAL

DANS SA SÉANCE DU 28 AVRIL 1871

MESSIEURS,

La Commission que vous avez instituée (^{1}) pour procéder à une enquête au sujet des questions importantes de la boulangerie et de la boucherie, a cru devoir faire un appel au public par la voie de la presse; et afin de recueillir des renseignements spéciaux sur des sujets si controversés, elle a annoncé qu'elle livrerait à la publicité non-seulement le compte-rendu de chaque séance, mais encore celui des mémoires qui lui seraient adressés; et elle a tenu sa promesse. Votre Commission, Messieurs, n'a qu'à se féliciter d'avoir ainsi procédé, car il s'est dégagé, des diverses dépositions, des faits et des enseignements qui nous aideront, nous osons l'espérer, à dissiper certaines préventions, et à indiquer clairement aux consommateurs et à l'Administration municipale les voies respectives dont ils ne doivent jamais s'écarter.

(^{1}) Composée de MM. Ch. Villette, *président;* Marc Maurel, *secrétaire;* et de MM. Min Barabraham, A. Cardoze, Labrunie, Dordé, Lescarret.

Les personnes qui voudront le volume de l'enquête devront en adresser la demande à MM. E. Forastié et fils. Afin de rembourser à la Ville les frais d'impression, le volume est établi à raison de 1 fr. 50 c.

Cela dit, nous allons vous rendre un compte sommaire des dépositions principales des témoins entendus dans cette enquête, et nous terminerons ce compte-rendu par un projet d'arrêté dans lequel seront formulées certaines réformes administratives. Nous devons, toutefois, préciser auparavant le mandat que vous avez donné à votre Commission, par votre délibération du 14 novembre 1870.

Notre honorable collègue, M. Min-Barabraham, ayant proposé de rétablir la taxe sur le pain et sur la viande, en prévision de la misère devant résulter de la guerre, la Commission ordinaire d'administration locale, après examen sommaire, conclut unanimement au maintien du libre commerce dans ces deux branches importantes de l'alimentation publique; néanmoins, le Conseil, à la suite d'un remarquable Rapport de M. J.-B. Lescarret, crut devoir faire appel au public bordelais pour jeter un jour nouveau sur ces questions importantes, et prit, en conséquence, la délibération suivante :

ART. 1er. — Il sera procédé à une enquête publique dans le but de rechercher quelles sont les causes qui portent obstacle au libre jeu de la concurrence dans le commerce de la boulangerie, et plus spécialement dans celui de la boucherie.

ART. 2. — En attendant le résultat de l'enquête, l'Administration prendra des mesures, tout en sauvegardant les intérêts de la caisse municipale, pour abroger ou modifier les règlements qui entravent la libre entrée, dans Bordeaux, du bétail destiné à la boucherie, et qui éloignent le producteur du consommateur.

Ainsi, votre délibération précise, d'une manière très-nette, notre mandat : « Nous avons reçu la mission de rechercher les causes qui » peuvent porter obstacle au libre jeu de la concurrence dans le com» merce de la boulangerie, et plus spécialement dans celui de la bou» cherie »; et les termes de ce mandat fixent, beaucoup mieux que ne saurait le faire votre Rapporteur, les limites des pouvoirs administratifs. Ces pouvoirs sont beaucoup moins étendus que ne le supposent bon nombre d'administrés; ils consistent, purement et simplement, à veiller à l'exécution des règlements, à en faire le moins possible, et, surtout, à veiller, en les faisant, à ce qu'ils ne portent aucune atteinte à la liberté naturelle d'aller et de venir, c'est-à-dire au fonctionnement, sans entraves, des transactions de chaque jour.

Nous avons donc fait un appel public aux producteurs et aux consommateurs, dans le but de connaître leurs vœux, et dans celui principalement de savoir s'ils sont gênés administrativement soit dans leur industrie, soit dans leurs intérêts. Votre Commission, Messieurs, ne peut que renvoyer au dossier de l'enquête ceux qui, n'ayant pas suivi les déposants, désirent recueillir des renseignements spéciaux. Quant à elle, elle se bornera à exposer au Conseil les vœux dignes d'un examen spécial et les faits qui lui ont paru jeter un peu de jour sur les questions soumises à son investigation; puis elle proposera à votre adoption quelques mesures très-simples; elle s'efforcera enfin de dissiper des préventions injustes entre producteurs, distributeurs et consommateurs, et à persuader aux uns et aux autres qu'au lieu de se traiter réciproquement d'*exploiteurs*, ils doivent apprécier au contraire les services immenses qu'ils se rendent mutuellement dans tout échange libre, services dont on ne peut se faire une juste idée que dans un désert ou dans un pays sauvage dépourvu de toute industrie. Dans les pays civilisés, on dédaigne, en effet, les merveilles qui se renouvellent chaque jour aux yeux de tous, et le phénomène, en vertu duquel le premier venu d'entre nous peut se procurer presque instantanément les productions variées du monde entier moyennant une rénumération réglée d'ailleurs par une loi que l'homme n'a pas faite, passe complétement inaperçu.

Boulangerie. — Quelques déposants ont été partisans de la *taxe*, ou tout au moins de la taxe officieuse; toutefois, les hommes qui ont pratiqué le métier font aisément comprendre que la taxe peut toujours être éludée par les mélanges des diverses qualités de farines. C'est de ces mélanges, sans doute, plus ou moins bien combinés, que résulte la divergence des déposants au sujet du rendement en pain évalué depuis 35, 40, 45 jusqu'à 50 p. %. Votre Commission ne croit pas, d'après les dépositions reçues, que cette industrie réalise des bénéfices

exagérés; elle serait plutôt portée à les croire modestes, par les raisons
suivantes : dans les conditions actuelles, la boulangerie est grevée de
frais généraux très-considérables; la production moyenne d'un boulanger ne pouvant guère dépasser 450 kilogrammes de pain par jour;
il y a le port à domicile, passé dans les usages, et, en plus, les crédits
faits avec une grande libéralité dans les quartiers pauvres; ces char-
ges, il faut le reconnaître, jointes à une production limitée, empêchent
cette industrie de prospérer dans les temps difficiles (¹), et seront un
obstacle permanent que n'ont pas à surmonter les industries dont la
production peut avoir lieu, sans inconvénients, sur une vaste échelle.
Actuellement, le prix du pain peut beaucoup varier d'une localité à
une autre : cela s'explique par la différence des frais généraux; on doit
cependant remarquer combien la qualité du pain est meilleure dans les
grands centres de population; il ne faut donc pas se borner à compa-
rer les prix, mais il faut faire entrer la qualité dans les éléments de la
comparaison. Un déposant (²) dit que, dans sa localité, au moment où
le pain valait à Bordeaux 40 cent. le kil., les boulangers livraient 75
kilogrammes de pain contre un hectolitre de froment d'une valeur
alors de 21 fr. 50 c., ce qui faisait ressortir le pain à 29 c. le kil.; il
est probable cependant qu'à la même époque les consommateurs
aisés de Bordeaux auraient préféré payer 40 c. le pain auquel ils
étaient habitués; et, à cette occasion, nous pouvons bien porter au
compte des indifférents les abus dont on accuse parfois les boulangers
des quartiers les plus aisés des villes; dans ces quartiers, on ne prend
pas garde au prix; on l'ignore le plus souvent; mais on est sévère sur
la qualité du pain : quoi d'étonnant que le boulanger abuse un peu
de ces dispositions particulières de sa clientèle? Mais, dans les quartiers où la ménagère dispose de ressources plus restreintes, les prix

---

(¹) M. Sorbier jeune déclare que, de 1855 à 1859, le nombre des boulangers à Bordeaux descendit de
228 à 174.

(²) M. Duzan de Baric, près Castets.

sont moins élevés, comme on peut le voir, chaque quinzaine, par la publication des prix courants du pain.

La grande industrie pourrait seule amener des améliorations apréciables dans l'art de la panification et des réductions un peu sensibles dans les prix; mais elle aura à surmonter, pour s'établir, des difficultés très-grandes. Le pain ne peut pas s'emmagasiner comme des ballots de toile, il faut le consommer dans les vingt-quatre heures; par conséquent, la solution du problème réside presque entière dans l'étendue de la clientèle; mais si cette clientèle est nombreuse, et par conséquent disséminée, comment arriver à la servir en quelques heures, car elle ne se déplacerait pas elle-même; il faudrait toujours en venir à faire distribuer le pain par un intermédiaire indispensable, qui serait sans doute le boulanger actuel; il se trouverait exonéré des frais de fabrication actuels, et réaliserait sans doute plus de bénéfices en exerçant le métier de commissionnaire. Si cette transformation s'opère — et nous l'appelons de tous nos vœux, car la société y gagnerait beaucoup au point de vue hygiénique et économique — la transition sera longue et douloureuse.

Les moyens proposés pour donner le pain à bon marché aux consommateurs sont presque tous empiriques; un déposant ([1]) demande que le pain soit mis en régie comme le tabac, et vendu à prix fixe; un autre, qui appartient évidemment à l'école autoritaire et despotique de la Commune de Paris ([2]), voudrait que chaque municipalité fût chargée de la fabrication et de la vente du pain; il faudrait pour cela des salariés, et si l'on mettait en pratique ce régime, qui n'aurait pas le mérite de la nouveauté, on ne tarderait pas à regretter le régime actuel, quelque défectueux qu'il paraisse. On étudie si peu aujourd'hui qu'on ne semble pas se douter que nos pères ont lutté pendant des siècles pour obtenir cette liberté du travail si dédaignée par ceux-là même à qui elle pro-

---

([1]) Henry Cousicot.

([2]) M. Mothes, membre de la Société Internationale des Travailleurs. Lire à la fin, pages 73 à 75, la transcription littérale de la déposition écrite de la section bordelaise de cette association.

fite le plus. Enfin, beaucoup de personnes éclairées conseillent les sociétés de consommation appelées coopératives; si nous ne pouvons en contester les avantages au point de vue du développement intellectuel et matériel des masses, notre devoir, toutefois, est d'en montrer les inconvénients et d'indiquer aussi les causes de l'insuccès de ces sociétés. On oublie trop que la liberté du travail, dans toutes ses branches, constitue une association naturelle, admirable, dans laquelle chacun joue le rôle qui lui convient, à ses risques et périls, et, sous ce rapport, on ne créera jamais rien de plus perfectionné, et cette perfection, si contestée, défiera à tout jamais les *organisateurs du travail* les plus ingénieux. On doit certes laisser fonctionner en toute liberté les sociétés coopératives librement constituées; mais on peut dire qu'elles ont pris naissance dans une appréciation fausse des lois naturelles qui régissent l'échange, car elles sont une protestation contre la libre division du travail; en effet, l'idée première des fondateurs de ces sociétés a été celle-ci : chacun doit produire ce dont il a besoin, afin de s'affranchir des intermédiaires; or, comment ne voit-on pas que cette idée, poussée à l'extrême, nous ramènerait à l'état sauvage dans lequel chacun est obligé de pourvoir, par lui-même, avec une peine inouïe, aux besoins restreints de sa misérable existence? Heureusement qu'avec le travail libre, on ne peut pas arriver à ce résultat, car une société coopérative mal dirigée tombe d'elle-même comme toute autre entreprise; mais il n'en serait pas ainsi si l'on imposait jamais les systèmes de contrainte préconisés par l'école socialiste : le retour à l'état sauvage en serait l'inévitable conséquence.

Donc, liberté du travail pour tous, limitée seulement par la liberté d'autrui; avec la liberté on n'emploie que les intermédiaires indispensables, car s'ils étaient inutiles leurs services ne seraient pas acceptés; on n'a donc pas raison d'appeler ces intermédiaires des *parasites*.

Sous ces réserves, votre Commission signale, avec empressement, aux personnes qui aiment à se dévouer et à faire du bien aux habitants peu fortunés de leur quartier, la société civile de panification de

Royan, qui fonctionne et prospère depuis 1867; (¹) elle a adopté un moyen très-ingénieux de constituer un capital aux membres de la Société qui n'ont aucun avoir, et d'arriver ainsi à les faire participer aux bénéfices. Il serait désirable que des sociétés semblables se constituassent, dans certains quartiers populeux des villes, pour habituer chaque père de famille à l'ordre et à l'économie; mais leur organisation présentera toujours de grandes difficultés, car il est indispensable de mettre à la tête un homme doué de sentiments philanthropiques et possédant, en même temps, les qualités nécessaires à tout bon administrateur; or, de tels hommes ne sont pas faciles à trouver au moment précis où le besoin s'en fait sentir.

Là se bornent les observations que nous avions à présenter au Conseil au sujet de la boulangerie, et les vœux de votre Commission, concernant cette industrie, se résument de la manière suivante :

1° Maintien de la liberté dont elle jouit, en laissant à la Municipalité soit la faculté d'afficher ce qu'on a appelé la *taxe officieuse*, soit tout simplement celle de publier, chaque semaine, le prix-courant du pain dans les divers quartiers de la ville ;

2° Entrée définitive et irrévocable de cette industrie dans le droit commun, en abrogeant la loi des 19-22 juillet 1791.

Boucherie. — Bon nombre des réflexions suggérées à votre Commission par l'examen des faits relatifs à la boulangerie, peuvent s'appliquer à la boucherie; aussi, nous attacherons-nous spécialement à examiner la valeur pratique des vœux exprimés par les déposants, et à recommander au Conseil la révision de quelques règlements administratifs, dans le but unique de rendre les transactions plus faciles entre producteurs, intermédiaires et consommateurs.

Le principe de la taxe n'a pas été sérieusement soutenu; un seul déposant (²) a paru s'y rallier, en conseillant néanmoins aux producteurs de se constituer en syndicats dans chaque commune, soit pour

---

(¹) Voir les renseignements très-intéressants fournis par la déposition de M. W. Manès.
(²) M. Técheney.

se défendre contre l'entente des marchands de bestiaux, soit pour faire abattre eux-mêmes leurs bœufs, et les envoyer, par quartiers, en ville, pour y être vendus à la criée. Un engraisseur de Castets (¹), tout en reconnaissant que la taxe est inefficace, voudrait l'établissement d'une taxe *consentie* par les bouchers eux-mêmes. Tous les autres déposants (²) demandent la liberté la plus étendue, et ne voient pas de remède en dehors de la concurrence dégagée de toute réglementation gênante; ils soutiennent qu'avec la taxe on décourage la production, car les bouchers, cherchant à gagner le plus possible, et sachant à l'avance que la première catégorie de viande ne peut se vendre au-delà d'un certain prix, s'appliquent, alors, à n'acheter que des bœufs de qualité inférieure, lesquels produisent, après abattage, *suivant l'étiquette*, de la viande de *première qualité*.

On se récrie généralement contre les bénéfices exagérés de la boucherie; cette industrie passe, en effet, pour une des meilleures de celles se rattachant à l'alimentation publique : la viande se vend généralement au comptant et se débite sur place; avantages précieux dont ne jouit pas la boulangerie. On se tromperait, néanmoins, si l'on s'imaginait que la boucherie peut se soustraire à la grande loi de l'offre et de la demande qui gouverne toutes les industries humaines; il y a des moments, comme dans les derniers mois de 1870, où tous les propriétaires offrent leur bétail sur les marchés, par suite de la cherté excessive des fourrages; alors les prix des animaux de boucherie baissent momentanément, et comme les bouchers ne peuvent, du jour au lendemain, étendre leur clientèle, qui est déjà habituée à payer un certain prix, les bouchers ne font rien pour abaisser ce prix, et ils réalisent, alors, de grands bénéfices; il est juste, cependant, de dire que, de septembre 1870 à fin janvier 1871, ces bénéfices ont été un peu atténués par la baisse des suifs et des peaux. Quand, au contraire, la

---

(¹) M. J. Duzan.

(²) Notamment MM. Ellies, de Jonzac, Jacques Chambaudet, de la Rivière de Meilban, Richaud de Préville.

réaction s'opère comme en mars et avril 1871, quand les acheteurs sont plus nombreux que les vendeurs, la cherté des animaux de boucherie devient excessive au point de rendre possible l'importation étrangère, et alors les bénéfices se réduisent beaucoup; car sitôt que la viande dépasse une certaine limite, plusieurs catégories de consommateurs sont forcés de restreindre ou de cesser leurs achats. Il est, cependant, probable qu'en somme le métier de boucher sera toujours plus lucratif que celui de boulanger, par deux raisons principales : d'abord, parce qu'il est plus difficile à exercer, et, ensuite, parce qu'il répugne à certains tempéraments.

M. Richaud de Préville, agronome distingué de Pau, pense qu'un sûr moyen de régulariser la concurrence dans la boucherie, et d'obliger les bouchers à vendre à poids juste et à étiqueter les morceaux d'après la qualité réelle de la viande, c'est d'organiser à Bordeaux une boucherie par actions sur le modèle de celle qui fonctionne à Pau depuis plusieurs années, sous le titre de *boucherie agricole*. Votre Commission, Messieurs, ne peut que joindre ses vœux à ceux de M. de Préville; elle croit que Bordeaux, par le nombre et la richesse de ses habitants, peut alimenter et rendre prospères bon nombre d'industries qui ne se sont pas encore implantées dans son sein. En attendant que les hommes spéciaux capables de créer la boucherie modèle, proposée par M. de Prévile, se révèlent, nous appelons l'attention des consommateurs bordelais sur les viandes de bœuf et de mouton d'Australie, conservées en boîtes par un procédé qui en concentre tout le jus. Ces viandes, expérimentées par plusieurs des membres de votre Commission, ont été trouvées excellentes et de qualité supérieure; elles offrent aux ménages d'un budget restreint une grande ressource, car, outre l'avantage de renfermer assez de jus et de graisse pour assaisonner une quantité correspondante de pommes de terre ou de légumes, elles reviennent au moins à 50 p. % meilleur marché que la viande de boucherie; il existe à Bordeaux des dépôts de ces viandes de choix, et chacun peut vérifier, à peu de frais, l'exactitude de ce que nous venons d'attester.

On attaque aussi beaucoup les intermédiaires, appelés *commis-*

sionnaires; ils sont une dizaine environ sur le marché de Bordeaux, d'après ce qui nous a été déclaré. Il paraît, du reste, que le métier n'est point facile et nécessite des aptitudes spéciales; s'il en est autrement, s'il est meilleur que tout autre, il faut qu'on sache que le métier de commissionnaire n'est point privilégié; il est donc loisible à chacun d'y entrer, et, pour en faire connaître les avantages, nous pouvons évaluer d'une manière approximative le bénéfice réalisé actuellement par chacun des commissionnaires du marché au bétail. Il se vend environ 12,000 bœufs, chaque année, sur le marché de Bordeaux; en calculant à raison de 7 fr. la commission prélevée sur chaque bœuf, sans compter les frais de conduite, de corde, etc., on obtient une somme totale de 84,000 fr., soit environ 8,000 fr. par commissionnaire; mais cette moyenne doit être sensiblement plus élevée, car, d'après les données de M. de Préville, il doit se vendre aussi sur notre marché 24,000 veaux et 48,000 moutons ([1]). D'après le même déposant, il existerait une sorte de ligue puissante des commissionnaires des principales villes de France, en vertu de laquelle les marchés seraient livrés à leur discrétion; en effet, les heures pendant lesquelles les acheteurs de chaque ville sont admis à faire des offres sur les marchés, seraient rigoureusement déterminées, sous peine de fortes amendes. Si le fait est général, il suffira, sans doute, de le signaler aux producteurs de la campagne, qui sauront bien s'entendre à leur tour pour déjouer et faire échouer ces manœuvres.

Enfin, plusieurs déposants ([2]) se sont plaints du mode de vente du bétail au marché et des entraves que rencontre son introduction en ville; aussi, votre Commission, Messieurs, a cru devoir se transporter sur les lieux mêmes, afin de juger si les plaintes à cet égard sont fondées.

Le marché au bétail est tenu avec un ordre parfait, et, à l'ouverture des achats, un tableau, placé aux regards de l'assistance, indique en

---

([1]) Il est peut-être bon de faire remarquer que les commissionnaires sont aussi marchands de bestiaux, et qu'ils emploient, pour effectuer leurs achats au loin, des intermédiaires, appelés *ramasseurs*.

([2]) MM. Parreau, J. Duzan, Ellies, Jacques Chambaudet, Richaud de Préville.

gros chiffres le nombre de bœufs et de vaches à vendre. Votre Commission a pu ainsi constater que les ventes et les achats se font sans aucune entrave administrative, les parties restant parfaitement libres de contracter à l'œil, au *poids vif* ou au *poids mort.* L'usage le plus constant, qui semble prévaloir à Bordeaux, est la vente à l'œil : c'est ce qui rend le métier de commissionnaire si difficile, car il faut une grande habitude et une grande sûreté de coup-d'œil pour déterminer le poids d'un bœuf à 4 ou 5 kil. près. Les commissionnaires remplissent, en outre, une autre fonction : c'est celle d'avancer les droits d'octroi à la barrière, et de payer les producteurs en place des bouchers, ceux-ci n'étant tenus au remboursement qu'après l'expiration d'un délai de huit jours. C'est ce qui a fait demander par quelques déposants la création d'une Caisse municipale pour effectuer ce service indispensable. Votre Commission, Messieurs, ne croit pas que la Ville doive intervenir, puisque les capitalistes et les banquiers sont parfaitement libres d'établir des succursales près du marché, et d'effectuer toutes avances, à leurs périls et risques, soit aux bouchers, soit aux propriétaires de bétail. L'intervention de la Ville ne serait admissible, ou tout au moins susceptible d'examen, que dans le cas d'une abstention complète de la part de l'industrie privée; et encore faudrait-il la demande des intéressés, auquel cas, le devoir de la Municipalité serait simplement d'adjuger ce service à celui qui offrirait de l'effectuer aux conditions les plus avantageuses au public.

Votre Commission pense, d'un autre côté, que la Ville doit modifier, dans l'intérêt des producteurs et de la libre circulation du bétail en dedans des barrières, le mode de paiement des droits d'octroi; après s'être assurée, auprès des agents compétents, qu'aucun obstacle matériel ne s'oppose à cette amélioration administrative, elle est d'avis que le paiement des droits d'octroi ne doit plus être exigé d'avance, à la barrière, à partir du 1er juillet 1871, et que le bétail doit entrer en passe-debout. Les droits seront perçus au marché sur les bêtes vendues, et celles invendues pourront être ramenées hors ville sans avoir été astreintes à aucune consignation de droits.

Avant de terminer cet exposé, nous croyons devoir soumettre, à l'appréciation du Conseil et à l'Administration, les vœux de quelques déposants, qui nous semblent dignes d'être pris en considération, quoiqu'à des degrés divers :

M. Ange-Dufrayet, de Mont-de-Marsan, voudrait qu'on organisât, à Bordeaux, comme à Paris aux halles centrales, la vente à la criée, en gros et en détail, de la viande de boucherie, et, à ce propos, nous demandons à l'Administration de vouloir bien examiner si l'article 12, de l'arrêté du 15 mars 1864, n'empêche pas la vente, dans les marchés publics, des viandes, par quartiers, venues du dehors; cet article semble, en effet, n'autoriser que la vente au détail, car il est ainsi conçu : « Il est expressément défendu aux bouchers forains de vendre, dans » les marchés publics, autrement qu'au détail ». Si jusqu'ici il a été appliqué dans le sens restrictif, il suffira d'un règlement administratif pour le faire interpréter dans le sens le plus large.

Un autre déposant (¹) voudrait qu'on réservât au marché un certain nombre de bancs aux bouchers qui s'engageraient à classer la viande par catégories exactes et à la vendre à des prix fixes étiquetés en chiffres connus.

Enfin, un troisième (²), considérant que beaucoup de pauvres ménages n'ont pas le temps d'envoyer une personne entendue sur des marchés souvent fort éloignés, demande qu'il soit permis de colporter la viande en ville comme les autres denrées alimentaires.

Votre Commission a trouvé cette demande juste, et elle ne croit pas qu'on puisse invoquer aucune raison hygiénique d'une valeur suffisante pour entraver ce commerce qu'elle considère comme étant aussi légitime que celui des légumes; et si le colportage de la viande pouvait prendre une grande extension en ville, votre Commission estime que ce fait tournerait à la fois à l'avantage d'une catégorie nombreuse de

---

(¹) M. A. Faye.
(²) M. Mothes.

consommateurs pour lesquels un déplacement journalier est impossible, et à celui des bouchers qui, grâce à d'utiles intermédiaires, trouveraient un débouché nouveau pour les viandes de basse qualité. Elle émet en conséquence le vœu, à l'unanimité, que l'art. 5 de l'arrêté du 15 mars 1864 soit abrogé; il est ainsi conçu : « Le colportage, en quête » d'acheteurs de viande de boucherie, celle d'agneau exceptée, est » interdit dans Bordeaux ».

En maintenant l'inspection des viandes à l'entrée, telle qu'elle est organisée, votre Commission pense que le côté sanitaire de la question est suffisamment sauvegardé; elle vous propose, d'ailleurs, de prendre certaines précautions pour empêcher l'introduction des viandes malsaines par la voie fluviale, en limitant à six les points par lesquels les viandes foraines, venant du haut et du bas de la rivière, pourront être introduites dans Bordeaux. Voici les six points proposés :

1° Le débarcadère des vapeurs d'Agen, en Paludate ;
2° d° des *Gondoles,* en face de la Douane ;
5° d° des *Hirondelles,* au Chapeau-Rouge ;
4° d° des vapeurs de Royan, en face des Quinconces ;
5° d° des petits vapeurs, aux Chartrons, en face du cours du Médoc ;
6° d° des petits vapeurs, à Bacalan, en face des Docks.

En outre, les personnes qui voudraient se livrer au colportage de la viande seraient tenues d'en faire la déclaration à la Mairie, au Bureau de la Police Administrative; il leur serait délivré un permis, moyennant le prix exigé de ceux qui colportent en ville les autres denrées; on pourrait leur demander, en outre, tant par raison hygiénique que pour faciliter la surveillance administrative, de se munir de corbeilles ou de petites charrettes de transport, d'un modèle uniforme, mais l'opportunité de cette précaution doit être laissée entièrement à l'appréciation de l'Administration.

Nous terminerons ce Rapport, déjà trop étendu, en conseillant à l'Administration l'adoption d'un mode de publicité hebdomadaire, proposé par l'agronome (¹), qui a fourni à l'enquête des renseignements très-judicieux et très-étendus; cette publicité est nécessaire, en effet, pour éclairer le producteur et le consommateur de viande. M. le Directeur du marché fournirait chaque semaine, à la Mairie, le tableau très-succinct des prix moyens pratiqués pour les bœufs, les vaches, les veaux de chaque catégorie, ainsi que pour les moutons, les agneaux, les porcs, et ce tableau serait communiqué régulièrement à tous les journaux de la ville, sans exception. Pour mettre les consommateurs en mesure de faire la comparaison entre les prix de la vente en gros et ceux de la vente en détail, il serait désirable que la Mairie fît remettre en même temps aux journaux le prix-courant moyen chez les bouchers de Bordeaux de ces différentes espèces de viandes.

En conséquence de ce qu'elle vient de vous exposer, Messieurs, votre Commission vous propose d'émettre le vœu suivant, pour être transmis au Gouvernement :

« Le Conseil municipal de Bordeaux émet le vœu que les dispositions » de la loi des 19-22 juillet 1791, autorisant les Maires à fixer le prix » du pain et de la viande, soient abrogées' ».

Et de prendre l'arrêté suivant pour réaliser les améliorations qui viennent de vous être proposées au sujet des règlements administratifs régissant actuellement le commerce de la boucherie :

LE MAIRE DE LA VILLE DE BORDEAUX,

Vu l'arrêté du 15 mars 1864 ;

Vu le Rapport déposé ce jour par la Commission d'enquête nommée par le Conseil dans sa séance du 21 novembre 1870 ;

Considérant que certaines dispositions de l'arrêté sus-visé entravent, sans nécessité, la circulation d'une denrée indispensable, et portent ainsi atteinte aux droits des consommateurs,

ARRÊTE :

ARTICLE 1ᵉʳ. — Est abrogé, à partir du 1ᵉʳ juillet 1871, l'article 5 de

---

(¹) M. Richaud de Préville.

l'arrêté du 15 mars 1864, ainsi conçu : « Le colportage, en quête
» d'acheteurs des viandes de boucherie, celle d'agneau exceptée, est
» interdit à Bordeaux ».

ART. 2. — A partir du 1er juillet 1871, les droits d'octroi sur le
bétail cesseront d'être perçus ou consignés à la barrière. Le bétail sera
conduit au marché en *passe-debout*, et les droits sur les animaux
vendus seront acquittés suivant un mode indiqué par un règlement
administratif.

ART. 3. — Le présent arrêté sera transmis à M. le Préfet.

Fait et arrêté en l'Hôtel de Ville, le 28 avril 1871.

Le Rapporteur de la Commission,
MARC MAUREL.

RAPPORT

PRÉSENTÉ

AU CONSEIL MUNICIPAL

Par M. LESCARRET

SUR LE

RÉTABLISSEMENT DE LA TAXE DU PAIN ET DE LA VIANDE

MESSIEURS,

La proposition soumise au Conseil par notre honorable collègue,
M. Min Barabraham, « de rétablir la taxe sur le pain et sur la viande,
en prévision de la misère qui pèsera cet hiver sur la population ouvrière, » — cette proposition n'a pas été soutenue dans le sein de la
Commission qui était chargée de l'examiner. Aussi, il nous est difficile
de prévoir les motifs qu'aurait fait valoir son auteur pour justifier
l'utilité et l'efficacité de cette mesure. Mais si les moyens de justifica-
tion nous échappent, nous comprenons parfaitement les préoccupations
qui ont pu déterminer les auteurs de la proposition.

2

Le pain et la viande forment la base de l'alimentation; aussi, toute augmentation ou toute diminution sur le prix de ces produits essentiels influe d'une manière sensible sur le bien-être des populations.

En présence de tant de causes de souffrance que la guerre et l'invasion font peser sur nous, il est légitime de se préoccuper du surcroît de misère que viendrait encore apporter la surélévation du prix de ces deux produits.

En ce qui concerne le prix de la viande, il y a un fait incontestable (dans sa généralité) qui a frappé la population, et qui est de nature à éveiller la sollicitude de l'Administration municipale; ce fait, le voici :

Par suite de la disette des fourrages, il est certain que la difficulté de nourrir le gros bétail avait fait tomber, cet été, la valeur des bœufs de près de 40 p. %. Malgré cette diminution énorme, le prix de la viande vendue au marché n'avait pas diminué d'une manière sensible, ou du moins n'avait pas diminué dans la même proportion. Avant que notre honorable collègue, **M. Min Barabraham**, eût fait au Conseil la proposition concernant le rétablissement de la taxe, l'Administration s'était préoccupée de ce fait. En dehors du Conseil, et d'une manière officieuse, notre honorable collègue, **M. Paulet**, avait lui-même appelé notre attention sur cette grave question de l'alimentation publique, et, de concert avec l'adjoint délégué à l'Administration locale, nous nous étions donné pour mission de recueillir des renseignements, afin de préparer les bases d'une solution.

La proposition de **M. Min** ne pouvait donc venir plus à propos, et nous le remercions de l'expression d'une sollicitude, pour les populations ouvrières, qui est vivement partagée par l'Administration.

Je ferai connaître au Conseil, dans un instant, le résultat de nos investigations; mais je dois, avant tout, vous expliquer ce qui s'est passé dans le sein de la Commission.

Notre collègue, **M. Cardoze**, dans un excellent travail, nous a exposé les vrais principes. Il nous a dit : « Laissez faire! la liberté des transactions est la seule et unique voie pour arriver au prix véritable, au prix réel, et vous ne pouvez rien faire équitablement pour empêcher que ce prix ne soit atteint, pas plus qu'il ne serait légitime de forcer la main à l'acheteur pour qu'il fût dépassé. La taxe, c'est l'Administration fixant elle-même le prix. Elle n'a pas ce droit, et son intervention a, en outre, ce résultat de paralyser l'action et la prévoyance individuelles, qui sont les meilleurs, les plus actifs et les plus intelligents pourvoyeurs de l'alimentation publique. »

« Puis, si vous taxez la viande et le pain, pourquoi ne pas taxer également le prix du bétail, le prix du grain, le prix des fermages, car tous ces éléments concourent à former la valeur du pain, de la viande. Laissez, ajoutait M. Cardoze, laissez les acheteurs se défendre eux-mêmes, la liberté et la justice n'existent qu'à ce prix. Veillez seulement à ce qu'il n'y ait pas de fraude et que le produit ne soit pas de nature à porter atteinte à la santé publique. A cela, exclusivement à cela, doit se borner le rôle de l'Administration. »

Nous étions d'accord avec notre collègue, M. Cardoze, mais nous disions : « Comme vous, nous avons foi dans la liberté, mais c'est précisément parce que nous avons foi en elle, que nous croyons devoir rechercher si elle existe dans la détermination du prix de la viande et du pain, et plus spécialement dans la détermination du prix de la viande.

Il ne suffit pas de s'assurer qu'un principe existe théoriquement; une administration doit encore se préoccuper de savoir si quelque cause anormale n'empêche pas le fonctionnement régulier de ce principe. Il y a un fait qui nous frappe : c'est que le prix du détail ayant considérablement diminué, le prix de la viande en détail n'a pas suivi une diminution correspondante. N'y a-t-il pas une entrave au libre jeu de la concurrence, qui rende inefficace l'action spontanée des acheteurs pour obtenir la viande au meilleur marché possible ? Assurément, ce n'est pas la taxe, qui ne serait qu'un obstacle nouveau (la Commission était unanime sur ce point), qui ferait disparaître cet obstacle. Mais n'est-il pas du devoir de l'Administration de veiller à ce que la concurrence et la liberté des transactions s'exercent non-seulement en droit, mais encore en fait ? »

Ainsi limitée, l'action de l'Administration ne saurait être contestée, quand il s'agit d'une question qui touche si directement au bien-être, à la santé, et, nous pourrions ajouter, à la vie même de la population. J'arrive ainsi à la recherche des causes qui mettent obstacle à la concurrence dans le commerce de la boucherie. Les renseignements que nous avons recueillis, M. Villette et moi, ne sont sans doute pas complets. Toutefois, ils ont déjà un caractère de certitude et de gravité tels que vous jugerez comme nous, indispensable de faire une enquête régulière, sérieuse, sur cette question qui préoccupe la population à si juste titre.

L'approvisionnement du marché de Bordeaux se fait au moyen de pourvoyeurs ou *ramasseurs* qui vont dans l'Entre-deux-Mers, le Périgord, les Landes, le pays Basque. Ils voient le bétail, traitent avec les propriétaires et donnent rendez-vous à la foire ou au marché voisins. Là le bétail est livré, payé comptant, et dirigé ensuite par troupeaux sur le marché de Bordeaux. Ces *ramasseurs* ne sont en réalité que les agents de commissionnaires qui opèrent pour leur compte, et font les avances relativement considérables qu'exige ce commerce. Mais à cela ne se borne pas le rôle des commissionnaires. Il résulte, des renseignements qui nous ont été fournis par un commencement d'enquête, que les commissionnaires font la loi aux bouchers au moyen d'un crédit qu'ils leur accordent, qu'ils leur imposent au besoin.

Par suite de quels abus les commissionnaires sont-ils parvenus à paralyser le libre jeu de la concurrence, à établir et à s'assurer un véritable monopole, c'est ce qu'une enquête sérieuse mettra en relief. Mais cette enquête est indispensable, car si les moyens employés pour arriver au monopole nous échappent en partie, le fait même se démontre par ses conséquences. Il est certain que le prix de la viande au détail n'obéit pas aux lois générales de la concurrence. Il y a un ressort qui ne fonctionne pas. Ce phénomène se produit du reste assez fréquemment dans la société.

Lorsqu'une matière a été l'objet d'une réglementation excessive, séculaire, comme le pain et la viande, cet état de choses a fini par créer dans l'esprit des tendances, des habitudes, qui continuent à exercer leur action même lorsque les règlements ont été supprimés.

Pour démontrer cette vérité, notre collègue, M. Faget, s'est servi d'une image que je lui emprunte, parce qu'elle rend ce phénomène économique d'une manière très-sensible.

Vous avez devant vous une machine arrêtée depuis longtemps; vous lâchez le frein, mais les rouages engourdis ne marchent pas par leur action propre. Il faut qu'une force extérieure vienne momentanément en aide pour que la machine se mette en mouvement.

Cette force extérieure, parfaitement légitime, c'est l'action de l'Administration qui doit exclusivement se borner, non à mettre un nouvel obstacle, comme le serait la taxe, mais à rechercher s'il n'existe pas quelques débris de règlements, quelques usages abusifs ayant acquis force de loi par l'habitude et le temps, qui entravent la liberté des transactions.

C'est dans cet ordre d'idées que la Commission a porté ses investigations.

Pour arriver aussi près que possible du juste prix de la viande en détail, il faut, autant que cela se peut, rapprocher le producteur du consommateur, de manière à ne laisser subsister que le nombre d'intermédiaires strictement nécessaires.

En principe, il semble qu'il en soit ainsi. L'éleveur est libre de conduire lui-même son bétail au marché. Mais, en fait, cela n'a pas lieu; c'est toujours le commissionnaire qui s'interpose. Les formalités imposées par le règlement de l'octroi nous ont paru, dans une certaine mesure, favoriser cette intervention, même dans le cas où elle n'était pas utile au propriétaire.

Le conducteur de bétail, en arrivant à la barrière, doit consigner une somme approximativement équivalente au droit perçu au moment de la vente. Cette avance, que les conducteurs de bétail ne sont pas toujours en mesure de faire, les met dans l'obligation de s'adresser à un commissionnaire.

Votre Commission a pensé que cet obstacle devait être levé, et qu'il pouvait l'être, sans perte sérieuse pour le Trésor, en substituant à cette consignation, soit une simple déclaration du maire de la commune de l'éleveur constatant sa qualité de propriétaire dans cette commune, ou toute autre mesure qui assurerait le paiement du droit d'octroi, soit au moment de la vente au marché, soit au moment de l'entrée dans l'abattoir. Faciliter le plus possible, aux barrières, l'entrée du bétail destiné à l'alimentation de la ville; permettre aux producteurs de se passer d'intermédiaires, lorsqu'ils ont intérêt à le faire, telle est d'abord la pensée qui a dominé dans la Commission.

Cette nécessité d'une consignation s'applique même au bouvier qui se présente à la barrière avec un attelage chargé.

Il est urgent de faire disparaître cette mesure préventive, qui n'est pas toujours appliquée, mais qui peut l'être; et cet arbitraire se trouve encore favoriser le commissionnaire qui, étant connu, trouve des facilités, qui sont refusées à l'éleveur ou au conducteur étranger.

La suppression de la consignation du droit à la barrière n'apportera qu'un remède partiel à l'état des choses; néanmoins, cette amélioration, bien que restreinte, n'est pas à dédaigner, d'autant qu'elle donnera satisfaction à l'opinion publique, qui attribue surtout l'élévation du prix de la viande à l'éloignement qui existe entre le producteur et le consommateur.

Le droit de séjour et de parcage du bétail soit au marché, soit à l'abattoir, avec faculté réservée au fermier de la Ville de fournir la nourriture aux animaux, occasionne encore des frais assez élevés qui augmentent le prix, ou du moins servent de prétexte à l'augmentation du prix de la viande vendue au détail.

Mais toutes ces entraves ne suffiraient pas à expliquer le fait que nous avons signalé et qui avait frappé tous les esprits, à savoir le défaut de proportion entre la baisse qui s'est produite sur la valeur du bétail, et le prix à peu près stationnaire de la viande au détail.

Pour produire un résultat si anormal, il faut une cause plus sérieuse, tel qu'un monopole de fait mettant obstacle à la baisse régulière et normale des prix subis par les consommateurs.

Une large enquête peut seule éclairer cette question et indiquer la véritable solution.

Les motifs qui viennent d'être posés pour repousser le rétablissement de la taxe sur la viande s'appliquent également à la taxe du pain. Mais, sur ce dernier point, une proposition plus radicale avait été faite par notre collègue, M. Marc Maurel, qui avait demandé, dans la séance du 7 octobre dernier, « que le Conseil municipal émît le vœu que la » loi du 19-22 juillet 1791 fût abolie. »

L'absence de M. Marc Maurel, et, il faut ajouter, l'importance et la longueur de la discussion sur le régime de la boucherie, n'ont pas permis à la Commission d'examiner la question bien intéressante aussi de la boulangerie. Toutefois, je crois qu'il conviendrait de soumettre également à l'enquête l'opportunité de la mesure proposée par M. Marc Maurel.

Il est certain que l'abolition de la taxe sur le pain n'a pas produit dans notre ville toutes les conséquences qu'on était en droit d'espérer. Il y a bien eu quelque amélioration dans l'aspect des boulangeries; il a été fait quelques essais de panification mécanique; quelques boulangers ont vendu du pain au rabais.

Mais tous ces essais n'ont pas eu une grande importance, et n'ont pas modifié sensiblement les habitudes de la population.

Ainsi, nous n'avons pas vu se fonder (je parle pour le pain proprement dit) une de ces grandes fabriques de panification, qui aurait fait sortir cette industrie des voies de la routine pour la faire marcher dans celle du progrès et de la concurrence.

Je ne suis plus ici l'écho de la Commission, je parle en mon nom personnel.

Je suis convaincu, avec M. Marc Maurel, que l'insuccès (tout au moins partiel) de ce régime de liberté vient de l'existence de la loi de 1791.

Remarquez, en effet, que cette loi vous laisse la faculté d'établir et de rétablir la taxe. Cette faculté est un danger et une menace qui éloigne l'industriel qui compte sur la concurrence et sur le progrès pour réussir.

Au lieu de faire de la liberté un droit, un régime définitif, vous en avez fait une concession temporaire, passagère, révocable.

Si le Conseil n'acceptait pas, d'ores et déjà, ces considérations, qui, je le répète, me sont personnelles et n'engagent pas la Commission, du moins trouveriez-vous opportun, je l'espère, de les comprendre dans le programme de l'enquête. Ce que je puis affirmer, c'est que divers projets tendant à établir dans notre ville l'industrie de la panification sur une large échelle, ont échoué par suite de l'incertitude de la législation et de l'état des esprits qui s'obstinaient à ne considérer l'abolition de la taxe sur le pain que comme un essai qui ne devait pas durer.

J'ai l'honneur, en conséquence, de vous proposer le projet de délibération suivant :

Considérant qu'il importe au bien-être de la population que le pain et la viande, qui forment la base de l'alimentation, soient livrés aux consommateurs à leur juste prix ;

Considérant que l'abolition de la taxe n'a pas produit toutes les conséquences qu'on était en droit d'espérer ;

Que le prix de la viande au détail, par exemple, n'a pas subi dans les six derniers mois qui se sont écoulés une baisse quelque peu sensible, bien que la valeur du gros bétail ait diminué de 40 à 50 p. % ;

Que ce défaut de proportion et d'harmonie accuse nécessairement l'existence d'entraves au libre jeu de la concurrence et des transactions sur cette matière ;

Considérant que loin de chercher un remède à cet état de choses dans le rétablissement de la taxe, il faut, au contraire, s'efforcer de faire disparaître les règlements qui servent de bases ou de prétextes à des abus, afin de rendre à la liberté des transactions toute son efficacité ;

Le Conseil délibère :

ART. 1er. — Il sera procédé, sous la présidence de M. le Maire ou d'un Adjoint délégué, assisté de deux membres du Conseil municipal, à une enquête publique, dans le but de rechercher quelles sont les causes qui portent obstacle au libre jeu de la concurrence dans le commerce de la boulangerie et plus spécialement dans celui de la boucherie.

Art. 2. — En attendant le résultat de l'enquête, l'Administration prendra des mesures tout en sauvegardant les intérêts de la Caisse municipale, pour abroger ou modifier les règlements qui entravent la libre entrée dans Bordeaux du bétail destiné à la boucherie, et qui éloignent le producteur du consommateur.

Art. 3. — La présente délibération sera soumise à l'approbation de M. le Préfet de la Gironde.

Bordeaux, le 14 novembre 1870.

J. B. LESCARRET.

ENQUÊTE PUBLIQUE

SUR LE COMMERCE

DE LA BOUCHERIE ET DE LA BOULANGERIE

SOUS LA PRÉSIDENCE

DE M. VILLETTE, ADJOINT.

SÉANCE DU LUNDI 5 DÉCEMBRE 1870.

M. F. Técheney dit qu'avant 1863 les boulangers étaient placés sous l'autorité d'un syndicat, et que leur nombre était limité. Ce n'est qu'à partir du 1er septembre 1863 que l'ancienne réglementation fut supprimée par décret. La profession de boulanger devint libre : les maires conservèrent, néanmoins, la faculté de taxer le pain, aux termes de la loi des 19-22 juillet 1791, ou de faire simplement ce qu'on a appelé la *taxe officieuse*.

M. F. Técheney constate que l'expérience de la libre concurrence n'a pas produit le résultat qu'on en attendait. Pour s'en convaincre, dit-il, on n'a qu'à consulter les relevés de quinzaine, constatant le prix de vente des divers boulangers, déposés à la Division de la Police Administrative, à la Mairie. M. Técheney demande, en conséquence, que la taxe *officielle* du pain soit rétablie, et que le tableau régulateur du 18 janvier 1855 soit révisé, attendu que les prix de la main-d'œuvre, du combustible, des locations et autres frais généraux ont considérablement varié. M. Técheney se propose de revenir sur cette question et celle de la boucherie dans une des prochaines séances.

M. Peyres-Poque, demeurant rue Cruchinet, n° 3, remet une communication écrite relative à la boucherie. M. Peyres-Poque veut la liberté pour toutes les industries, mais il demande l'intervention de la municipalité pour obliger MM. les bouchers de Bordeaux à afficher, dans leurs étaux, les prix des diverses qualités de viande ; il en résulterait pour l'acheteur économie de temps et d'argent.

Pour extrait :

Le Secrétaire de la Commission municipale,

Signé : Marc MAUREL.

SÉANCE DU 7 DÉCEMBRE 1870.

M. Técheney n'ayant pas eu jusqu'ici de contradicteur au sujet des idées exprimées par lui en faveur de la taxe du pain, soutient que cette taxe ne porte pas atteinte à la liberté du commerce et de l'industrie, puisque le nombre de boulangers n'est plus limité et la réglementation abolie.

M. Técheney aborde ensuite la question de la boucherie ; il déclare qu'en 1858, dans des circonstances semblables à celles où nous nous trouvons, la taxe fut établie ; mais qu'en 1860, MM. les bouchers de Bordeaux s'étant engagés à ne pas dépasser le prix de 1 fr. 80 c. le kil. pour la viande en première qualité de bœuf, de veau et de mouton, la taxe fut abolie, et qu'aujourd'hui, avec le bétail à bas prix, la même viande se vend au marché à 2 fr. 40 c. le kil., d'où M. Técheney conclut à l'existence d'un monopole de fait et à la violation d'un engagement formel, ainsi qu'il résulte de l'arrêté du Maire du 18 juillet 1860. M. Técheney ajoute que, dans sa pensée, un syndicat de producteurs, faisant vendre les viandes à la criée, porterait remède aux abus qu'il vient de signaler.

M. Lescarret communique à la Commission l'extrait d'une lettre que vient de lui adresser M. Ange-Dufrayet, avocat à Mont-de-Marsan, au sujet du prix de la viande. La Commission décide que cette communication très-intéres-

sante sera reproduite *in extenso* au procès-verbal. « Votre rapport constate
» ce fait qui semble justifier la taxe, savoir : que, lorsque le prix des bœufs a
» baissé de 40 p. %, le consommateur s'en est à peine ressenti. Ce fait est
» vrai et prouve seulement, comme vous le dites très-bien, qu'il y a, soit dans
» le commerce des bœufs vivants, soit dans celui de la viande, un monopole
» de fait que la taxe n'empêcherait pas. Il est certain, pour moi, que, si on
» établissait la taxe à Bordeaux, la qualité baisserait avec le prix, et que, si
» vous aviez les prix de Mont-de-Marsan, vous devriez, comme les habitants de
» Mont-de-Marsan, soumettre vos mâchoires à de rudes exercices. La vente à
» la criée, heureusement pratiquée dans les halles parisiennes, me paraît être
» le meilleur et le plus efficace remède contre le monopole des bouchers.
» Quant au monopole des intermédiaires qui vendent aux bouchers, il doit
» être plus difficile à démolir, mais comme il est pour le moins aussi nuisible
» aux agriculteurs qu'aux consommateurs, je crois qu'il devrait se former un
» syndicat de producteurs qui feraient abattre des bœufs et les feraient vendre,
» par fortes pièces, à la criée.

» Pour être complétement juste, il faut dire que le monopole n'est pas la
» seule cause du fait qui sert de prétexte aux plaintes des partisans de la taxe.
» Il y a deux raisons qui suffiraient pour expliquer pourquoi la viande n'a pas
» baissé de prix à Bordeaux dans la même proportion que les animaux. Le
» prix de l'objet vendu en détail ne dépend pas uniquement du prix de l'objet
» acheté en gros, car la marchandise est grevée de frais multiples qui ne
» varient pas. Le boucher a toujours payé le même loyer, la même patente,
» les mêmes droits d'octroi et les mêmes salaires ; mais il y a un fait bien plus
» grave. La consommation bordelaise n'a certainement pas changé ses habi-
» tudes. La viande de Bordeaux, que je juge, en la comparant, à celle que je
» mange ici, est restée de la belle viande ; or, il est certain que la rareté et la
» cherté des fourrages n'ont pas fait baisser le prix des bœufs gras, et ce n'est
» pas en général à Bordeaux, mais dans les petites localités et dans les cam-
» pagnes, que les bœufs maigres, dont les cultivateurs étaient forcés de se
» débarrasser, ont été vendus et consommés. Tenez ces faits pour certains, et
» tenez toujours ferme le drapeau de la liberté des transactions. »

M. A. Faye, avocat, ex-avoué, remet une note écrite dont voici le résumé :
M. Faye pense qu'un moyen de faire baisser le prix du pain et de la viande
serait de réserver dans nos marchés un certain nombre de places pour les
marchands ou marchandes, qui prendraient l'engagement de vendre à des
prix fixes étiquetés, et il voudrait que ce système pût s'étendre à la vente des
autres denrées, telles que beurre, fromage et même à celle de certains objets

de luxe, tels que gibiers, poissons, etc. Il croit qu'on arriverait ainsi à économiser beaucoup de temps et de paroles, et que bon nombre de ménagères, redoutant aujourd'hui d'être injuriées en abordant le marché, se décideraient à faire leurs achats par elles-mêmes.

Pour extrait :

Le Secrétaire de la Commission municipale,

Signé : Marc MAUREL.

<hr>

SÉANCE DU 9 DÉCEMBRE 1870.

<hr>

M. P. Parreau, demeurant rue du Loup, n° 1, dépose une note écrite sur la question de la boucherie, dont voici le résumé :

M. Parreau a exercé le métier de boucher à Bordeaux pendant trente années, et, pendant dix années, celui de commissionnaire. Suivant lui, la réglementation n'entrave nullement l'entrée du bétail en ville, et, chaque jour de marché, les commissionnaires se tiennent aux barrières avec l'argent nécessaire pour avancer les droits d'octroi : l'entremise des commissionnaires est donc utile aux producteurs; elle l'est aussi aux bouchers, car ils font à ceux-ci un crédit de huit jours; du reste, par suite de cet usage, le propriétaire ne consentira jamais à attendre son argent, et il préférera toujours payer 7 fr. par bœuf à un intermédiaire pour se mettre à l'abri de tout risque. M. Parreau établit que, depuis la création des chemins de fer, les bœufs qui nous venaient des départements voisins, se dirigent en grande partie sur Paris; de là une cause nouvelle de cherté. Il donne, comme suit, les frais faits à Bordeaux pour un bœuf de 750 kil. :

Droit de bascule, 4 fr. 40 c. par 100 kil.	33ᶠ » ᶜ
Dᵒ d'abattage	4 »
Dᵒ de plaçage	1 50
Commission	6 50
Poids public	1 »
Surveillance à l'abattage	» 25
Soit, par bœuf	46ᶠ 25ᶜ

Un bœuf de même poids, qu'on expédierait de Bordeaux pour le marché de Paris, aurait à supporter les frais suivants :

Chemin de fer.. 33ᶠ 50ᶜ
Commission.. 3   »
Plaçage.. 2 50

39ᶠ »ᶜ

M. Parreau déclare, en conséquence, avoir avantage à diriger sur Paris les bœufs qu'il achète dans les environs de Bordeaux : cet avantage se résume pour lui en un bénéfice net de 3,625 fr. réalisé sur 500 bœufs expédiés à Paris dans le cours d'une année. Autres avantages du marché de Paris : en quelques heures, on touche son argent et l'on peut de suite renouveler ses opérations, tandis qu'à Bordeaux, avec l'usage créé par les bouchers d'acheter les bœufs aux 100 kil., on est forcé d'attendre au moins huit jours avant de connaître le résultat de sa vente. Il existe à Bordeaux une autre cause d'éloignement pour le producteur : ce sont les erreurs commises, parfois à l'abattoir, sur le poids des bœufs vendus.

M. Parreau termine en demandant une réduction dans les frais et la suppression de certaines formalités gênantes; il repousse la taxe sur la viande, non-seulement parce qu'elle est contraire au principe du libre commerce, mais surtout parce qu'elle est désavantageuse aux consommateurs de qualités secondaires. Enfin, pour rendre la concurrence loyale, il voudrait que la viande de vache ne puisse être confondue avec celle de bœuf.

M. Dordé, membre du Conseil municipal, est persuadé que les bouchers ne font pas des bénéfices exagérés : les suifs et les peaux ont beaucoup baissé, et les viandes de 2ᵐᵉ et 3ᵐᵉ catégories se vendent à des conditions d'autant plus modérées que la demande, à Bordeaux, se porte généralement sur les qualités de choix; et, à l'appui de son opinion, M. Dordé cite les prix d'adjudication aux hospices civils en 1869 et en 1870 : ces prix n'ont pas dépassé 106 fr. et 110 fr. par 100 kil. pour les bonnes viandes de 3ᵐᵉ catégorie.

M. Sorbier jeune, ex-syndic de la boulangerie, demeurant rue Doidy, nº 30, fait un exposé rétrospectif de la question . en 1854, M. Desgranges-Bonnet, Rapporteur d'une Commission, constata que la prime de 5 fr. allouée aux boulangers était insuffisante, et le Conseil municipal en vota une plus élevée. Un peu plus tard, en 1855, M. Fauré, trouvant cette prime trop forte, réduisit par arrêté le prix du pain *second*, ce qui fit disparaître à peu près cette qualité de pain. Il résulta de la nouvelle réglementation une perturbation telle, que, de 1855 à 1859, le nombre des boulangers à Bordeaux descendit de 228 à 174 ; le malaise persista néanmoins, et, en 1861, le syndicat présenta à l'Administration municipale le tableau des frais généraux exacts des boulangers, duquel il résultait que 449 kil. de pain, deux tiers *blanc*, un tiers *second*, représentant la fabrication d'une journée, laissaient à peine 3 fr. 38 c. de bénéfice. Le Conseil municipal nomma une nouvelle Commission, qui n'eut pas le temps de statuer, car le décret autorisant les maires à essayer de la liberté survint à ce moment ; depuis lors, les affaires de la boulangerie ont varié suivant la rareté ou l'abondance des grains, mais l'Administration municipale n'a plus reçu de réclamation. M. Sorbier promet, pour une prochaine séance, d'autres renseignements appuyés de chiffres.

Pour extrait :

Le Secrétaire de la Commission municipale,

Marc MAUREL.

SÉANCE DU 14 DÉCEMBRE 1870.

M. Sorbier jeune, ex-syndic de la boulangerie, déjà entendu dans la séance du 9, estime à 450 kil. de pain la production moyenne journalière de chaque boulanger de Bordeaux. Il remet à la Commission un tableau des frais généraux d'une boulangerie remontant à 1861 ; ces frais s'élevaient par jour à 24 fr. 37 c., soit à près de 05 c. $^1/_2$ par kil. de pain. M. Sorbier présente en même temps le tableau des frais généraux en 1870, lesquels montent à 30 fr. 17 c., soit à environ 06 c. $^2/_3$ par kil. de pain, d'où il résulte une aggravation dans ces frais de 22 $^1/_2$ p. %; elle provient à peu près exclusivement de la hausse des loyers et surtout de celle de la main-d'œuvre.

M. Sorbier jeune fournit ensuite un aperçu des bénéfices nets réalisés aujourd'hui par un boulanger produisant 450 kil. de pain par jour ; le compte détaillé et chiffré en est donné plus loin. En calculant la farine au cours actuel de 43 fr. les 100 kil. et le pain à 42 c. le kil., M. Sorbier établit que la fabrication de 450 kil. de pain donne un bénéfice de 11 fr., soit 6 $^1/_2$ p. %, sur

lequel il faut prélever l'amortissement du matériel et l'intérêt du capital
engagé. Le déposant justifie, ainsi qu'il suit, les chiffres ci-dessus résumés :

282ᵏ farine co, 1ʳᵉ qualité (rendant 33 p. °/₀), à 43 fr. les 100 kil...... 121ᶠ 26ᶜ
52   dᵒ   sembles (rendant 44 p. °/₀), à 41 fr. les 100 kil............. 21 31

334ᵏ pour le travail d'une journée, coûtent ce jour....................... 142ᶜ 57ᶜ

    Ces 334 kil. farine produisent :

375ᵏ pain 1ᵉʳ, vendu au prix moyen de 42 c. 157ᶠ 50ᶜ
75   dᵒ 2ᵐᵉ   dᵒ   de 35 c. 26 25

450ᵏ production d'une journée, se vendent........................... 183 75

                                Cette somme de... 41ᶠ 18ᶜ

représente donc le bénéfice brut d'une journée, au moyen duquel le
boulanger doit payer les frais ci-après détaillés :

Loyer annuel 1,400 fr., soit, par jour........................ 3ᶠ 83ᶜ
Main-d'œuvre de quatre ouvriers, payés à raison de 100 fr.,
    par semaine.. .... 14ᶠ 28ᶜ
Pain fourni à ces quatre hommes, plus leur couchage
    et blanchissage................................ 2 50
                                  — 16 78

Sel à raison de 1 kil. par 100 kil. de pain.................. » 72
Chauffage du four, 16 bûches à 27 fr...................... 4ᶠ 32ᶜ
Fente des bûches.. » 32
                              4ᶠ 64ᶜ
A déduire, charbon vendu................................ 1 »
                              — 3 64

Éclairage de l'atelier et du magasin......................... 1 »
Transport et mise en magasin de 3 sacs farine................ » 65
Entretien du four et du matériel............................. 1 20
Impôts, pâtente, poinçage de poids, 200 fr. par an........... » 55
Pertes avec les clients, erreurs, etc........................ 1 50
Frais de bureau... » 30
                              — 30 17

                        BÉNÉFICE NET par jour... 11ᶠ 01ᶜ

d'où il faut encore déduire l'amortissement du four et l'intérêt des farines
achetées à l'avance. Il suit de là qu'un boulanger à Bordeaux, quand il travaille sagement, peut gagner en moyenne 3,600 fr. par an.

M. Sorbier, répondant à une question à lui adressée par un membre de la Commission, dit que la grande industrie abordera difficilement la fabrication du pain, ce produit devant être consommé de suite et ne pouvant être emmagasiné. On arriverait sans doute à abaisser le prix du pain si, dans un grand centre, on en organisait la production sur une vaste échelle; mais, pour réussir, il faudrait être assuré à l'avance d'un débouché, et opérer la livraison sans déplacement.

Pour extrait :

Le Secrétaire de la Commission municipale,

MARC MAUREL.

SÉANCE DU 16 DÉCEMBRE 1870.

M. Parreau, demeurant rue du Loup, n° 1, répond à diverses questions qui lui ont été adressées au sujet du commerce de la boucherie. Il déclare qu'un bœuf gras de 750 kil. coûte hors barrière............ 550ᶠ »ᶜ

A ajouter, frais de route et d'octroi............ 50 »

SOIT, pour un bœuf gras, 1ʳᵉ qualité, de 750 kil............ 600ᶠ »ᶜ

qui, au prix de vente actuel, se décompose comme suit :

Viande de 1ʳᵉ qualité............	150 kil.,	à	2ᶠ 20ᶜ le kil............	330ᶠ	»ᶜ
Dᵒ de 2ᵉ dᵒ............	95 »	à	1 60 dᵒ............	152	»
Dᵒ de 3ᵉ dᵒ............	105 »	à	1 20 dᵒ............	126	»
Suif du dégraissage............	50 »	à	» 60 dᵒ............	30	»
Os............	10 »	à	» 10 dᵒ............	1	»
Peau............	45 »	à	» 50 dᵒ............	22	50
Suif d'entrailles............	35 »	à	» 60 dᵒ............	21	»
Viande vendue à la triperie...	125 »	à	» » dᵒ............	22	»
Jet à la voirie............	135 »	à	» » dᵒ............	»	»
750 kil.				**704ᶠ 50ᶜ**	

Le bénéfice brut donné par un bœuf de 750 kil. est donc de 104 fr. 50 c., soit 17 fr. 50 c. p. % sur le prix d'achat. D'après M. Parreau, une maison de premier ordre vend en moyenne, à Bordeaux, pour une somme de 145,000 fr. par an, et ses frais généraux, comprenant loyer, étal, patente, un premier garçon, un aide garçon à l'abattoir, domestique, etc., se montent à 3,000 fr.

Au moyen de ces données, on arrive à établir qu'un boucher de premier ordre abat environ 205 bœufs par an, sur lesquels il fait un bénéfice brut de.   21,400ᶠ

En déduisant les frais généraux, montant à............................   3,000

IL RESTE un bénéfice net de.....................   18,400ᶠ

soit 15 p. % net sur prix d'achat.

M. Parreau dit qu'il existe à Bordeaux une dizaine de bouchers appelés *chevillards;* ils approvisionnent cinquante à soixante bouchers de deuxième ordre, et trouvent le moyen, souvent, de leur livrer de la viande provenant de bœufs de deuxième qualité et même de vaches.

La boucherie ne fait pas de crédits; elle ouvre néanmoins des comptes aux hôtels de la ville, mais ces comptes se règlent à la fin de chaque mois.

M. Parreau, répondant à une question qui lui a été posée au sujet de la possibilité de la libre circulation du bétail dans l'intérieur de la ville, pense qu'on arriverait aisément à ce résultat, en percevant les droits d'octroi à l'abattoir, sur la *viande morte,* à tant par 100 kil., sans distinguer le bœuf de la vache, du veau ou du mouton.

M. Louis Bernard, demeurant au Bazar-Bordelais, fournit les indications suivantes :

Les quatre quartiers d'un bœuf ordinaire pèsent environ 400 kil., et se paient, dans ce moment, à raison de 1 fr. 30 c. le kil., soit 520 fr. les 400 kilogrammes. Vendus au détail, ils donnent le résultat suivant :

Viande 1ʳᵉ qualité....................	250 kil.,	à 2ᶠ »ᶜ le kil....................	500ᶠ
Dᵒ 2ᵉ dᵒ....................	100 »	à 1 60 dᵒ....................	160
Dᵒ 3ᵉ dᵒ....................	50 »	à 1 » dᵒ....................	50
	400 kil.		710ᶠ

Le bénéfice brut, pour un bœuf ordinaire, est donc, suivant M. Louis Bernard, de 210 fr., soit 40 p. % du prix d'achat.

Reçu sur les mêmes questions :

Un travail de M. J. Duzan, propriétaire à Barie (par Castets);

Un travail de M. Ellies, propriétaire, près Jonzac (Charente-Intérieure);

Un travail de M. W. Manès, ancien ingénieur, au Bouscat;

Un travail de M. de Saharasin, publiciste, de Bordeaux, dont il sera donné successivement une analyse par la voie de la presse.

Le Secrétaire de la Commission municipale,

MARC MAUREL.

RÉSUMÉ

DES

DÉPOSITIONS ÉCRITES

ADRESSÉES A LA COMMISSION.

M. J. Duzan, propriétaire à Barie (par Castets), demande la suppression, dans les villes, des droits d'entrée sur les grosses viandes et les produits destinés à l'alimentation publique : pour combler les déficits causés aux budgets municipaux par la réforme proposée, on taxerait les objets de luxe et de nécessité secondaire qui, aujourd'hui, sont affranchis de tous droits dans la plupart des villes. M. Duzan trouve exorbitants les frais dont le bétail est surchargé à Bordeaux; ces frais s'élèvent au dixième du prix de vente, et le déposant en donne la preuve en attestant qu'il a payé récemment 101 fr. 95 c. pour deux bœufs dont le produit brut a été de 1,060 fr. M. Duzan veut l'entrée du bétail entièrement libre, de manière à affranchir le propriétaire introducteur de l'entremise coûteuse des commissionnaires; si les marchés de la campagne sont si bien approvisionnés, cela vient de l'absence de toute formalité et de toute entrave : quand on ne vend pas son bétail on le ramène à la ferme sans ennui et sans frais. M. Duzan demande que les bouchers dits de *première classe* ne puissent pas vendre des viandes de deuxième et troisième catégorie. Il aborde, en terminant, la question de la boulangerie, et, pour faire apprécier les bénéfices que réalisent actuellement les boulangers de Bordeaux, en vendant le pain de 42 à 45 c. le kil., il cite le fait suivant : les boulangers de Barie trouvent avantageux, dans ce moment, l'échange de 75 kil. de pain contre 1 hect. de froment d'une valeur de 21 fr. 50 c. à 22 fr., ce qui fait ressortir le prix du pain à environ 29 c. le kil.

M. Ellies, propriétaire à Robin, près Jonzac (Charente-Inférieure), a fait le commerce du bétail pendant vingt-cinq ans et a eu des rapports fréquents avec la boucherie. Suivant lui, la taxe serait inefficace pour détruire les abus dont se plaignent les consommateurs de viande; mais il pense que ceux-ci peuvent être mis aisément en mesure de juger des prix et des qualités comme les hommes du métier : on arriverait à ce résultat par le moyen de la *taxe consentie,* arrêtée tous les quinze jours ou tous les mois par un syndicat de bouchers sous la présidence d'un représentant de la municipalité; chaque catégorie de viande serait *rigoureusement* étiquetée dans les étaux et au marché, et porterait le prix arrêté par le syndicat; l'intérêt des consommateurs se trouverait ainsi sauvegardé d'une manière sérieuse, car, sans violer le principe de la liberté commerciale, les agents de la municipalité seraient en droit de sévir contre les bouchers qui n'exécuteraient pas loyalement des engagements librement contractés.

M. Ellies signale les usages déplorables du marché de Bordeaux comme une cause de renchérissement du bétail; le propriétaire devrait être payé de ses animaux sitôt la vente faite et sur *poids vivant;* il ne perdrait pas de temps et serait encouragé à renouveler ses opérations. Dans l'état actuel des choses, tout est incertitude pour le propriétaire : il est forcé d'avoir recours au commissionnaire, ses animaux dépérissent dans les écuries de l'abattoir, et il a toujours des craintes sur l'inexactitude du poids final. M. Ellies entend laisser d'ailleurs toute liberté aux commissionnaires : si, d'un côté, ils font renchérir la viande, de l'autre ils la font affluer au marché.

Le Secrétaire de la Commission municipale,

Marc MAUREL.

M. W. Manès, ancien ingénieur, demeurant au Bouscat, a envoyé à la Commission un remarquable travail sur la boulangerie, dont la plus grande partie ne peut être analysée, tant elle est nourrie d'idées et de faits précis; aussi, sera-t-elle reproduite *in extenso.* M. Manès entre en matière en rappelant que, sous le régime de la taxe, les boulangers de Bordeaux, sans exception, vendaient le pain au même prix. A partir de 1863, la vente fut libre, et, dès ce moment, le quart environ des boulangers de Bordeaux vendirent au-dessous du prix correspondant à celui des farines, tandis que les trois autres quarts vendent encore au-dessus de ce même prix. M. Manès conclut de ces faits que la suppression de la taxe n'a pas eu tout le succès sur lequel on avait compté, et il ne croit pas, d'un autre côté, que le maintien de la loi du 19 juillet 1791 empêche la création de la grande industrie; il est plutôt porté à penser que le peu de développement de l'industrie de la panification vient de

la faible marge laissée aux capitaux. M. Manès ne veut pas cependant laisser le consommateur à l'entière discrétion du vendeur pour une denrée de première nécessité : il demande le maintien de la loi de 1791 et la publication par quinzaine de la taxe officieuse. Voici maintenant dans son texte la suite du travail de M. Manès : « Il n'y a encore aucun boulanger de la ville qui ait
» adopté l'ensemble des perfectionnements recommandés, concernant : le
» mélange le plus convenable des farines à employer, le mode le plus propre
» et le plus expéditif de préparation de la pâte, les fours les mieux disposés
» pour la cuisson. Aucun boulanger n'a songé à demander au meunier une
» farine dans laquelle celui-ci fit entrer les gruaux bis préparés dans le sys-
» tème Cabanes, et qui fut propre à donner un pain un peu moins blanc, mais
» très-nourrissant et moins coûteux. Cinq ou six boulangers seulement ont
» adopté le pétrin mécanique et des fours plus ou moins perfectionnés. Un
» autre boulanger avait annoncé devoir mettre en pratique l'idée neuve,
» reconnue vraiment excellente par des hommes très-compétents, dont il
» faisait lui-même partie, savoir celle due à l'honorable M. Guibert, de pétrir
» séparément, et au même instant, la pâte à levain et celle du pain, de les
» incorporer ensemble au moment où l'ouvrier le juge convenable, de se prê-
» ter par ce moyen à tous les usages de la fabrication et d'obtenir une grande
» économie de temps. L'Administration municipale, heureuse d'apprendre
» que l'utile invention de M. Guibert allait recevoir sa première application au
» profit de ses concitoyens, permit au boulanger, qui se disait prêt à l'intro-
» duire dans ses ateliers, de donner à son établissement le nom de *Boulange-*
» *rie de la Gironde,* et de faire figurer à son frontispice les armoiries de la
» Ville. Ce fut là, d'ailleurs, une faveur prématurément accordée, et qui paraî-
» tra aujourd'hui fort peu justifiée, quand on saura que le propriétaire dudit
» établissement n'y a jamais fait fonctionner l'appareil Guibert, et que cet
» appareil a été par lui relégué dans un grenier.

» Quoi qu'il en soit, nous avions compté que si la plupart des boulangeries
» particulières de la ville continuaient à se montrer opposées à toute amélio-
» ration, il se monterait du moins, sous la nouvelle législation, quelques
» fabriques qui, établies sur une grande échelle, pourraient triompher des
» conditions défavorables, inhérentes à ce système, par les avantages attachés
» à la fabrication, au moyen des nouveaux procédés, d'un pain moins coûteux,
» plus propre et plus nourrissant; mais c'est ce qui n'a point eu lieu. On a
» bien, dans ces dernières années, créé à Bordeaux deux sociétés coopératives
» pour la préparation et la vente du pain, celles-ci n'ont, du reste, pu tenir
» plus de quelques mois.

» On connaît cependant les avantages que procure généralement ce genre
» de société, qui élimine tout intermédiaire entre le consommateur et le pro-
» ducteur, surtout lorsqu'elles sont formées entre personnes vivant de la
» même manière. On sait que ces sociétés, achetant les farines en gros et les
» payant au comptant, les obtiennent à des prix réduits ; que, connaissant les
» besoins de leur clientèle et y subordonnant leur fabrication, elles n'ont pas
» de méventes à craindre ; enfin, que, ne s'étendant pas dans un trop grand
» rayon, et s'épargnant tous frais de luxe, elles peuvent livrer le pain à leurs
» associés au meilleur marché possible.

» Comment se fait-il donc que les tentatives de ce genre faites à Bordeaux
» n'aient pas réussi ? Cela paraît avoir dépendu entièrement d'une mauvaise
» administration et d'une trop grande dissémination des personnes desservies.
» Ce sont là deux écueils qu'il est très-facile d'éviter, et contre lesquels ont su
» se garer la plupart des sociétés coopératives de province dont l'exemple ne
» saurait être trop recommandé.

» Les heureux résultats qu'a obtenus la société coopérative établie à Royan
» pour la vente du pain, montrent ce qu'on peut attendre de semblables éta-
» blissements lorsqu'ils sont conduits avec ordre et sagesse. Cette société
» s'installa, il y a quatre ans, dans un local qu'elle prit à loyer, et dans lequel
» elle ne trouva que le four. Elle commença ses opérations avec quatre-vingts
» membres, qui donnèrent 4 fr. d'entrée et une action de 10 fr. remboursable
» après deux ans. Elle contracta d'ailleurs un emprunt de 2,000 fr. garanti
» par les principaux associés, en sorte qu'elle débuta avec un fonds social qui
» ne s'élevait pas beaucoup au-dessus de 3,000 fr. Elle décida que les nouveaux
» sociétaires paieraient tous la même action de 10 fr.; mais que le droit d'en-
» trée de 4 fr. restant le même pour les cent vingt premiers membres, il
» serait de 6 fr. entre cent vingt-un et cent soixante, de 8 fr. entre cent
» soixante-un et cent quatre-vingts, et de 10 fr. au-delà des deux cents pre-
» miers membres.

» A la fin de la première année, cette société comptait déjà cent quarante
» membres, et elle avait amorti sa dette de 2,000 fr ; à la fin de la deuxième
» année, le nombre de ses membres était de cent quatre-vingts ; à la fin de la
» troisième, de deux cent quarante ; enfin, aujourd'hui, il est de deux cent
» quatre-vingt-quatre, y compris ceux inscrits au bureau de crédit.

» Tout récemment, la société a acheté un emplacement vaste et convenable
» dans lequel elle a fait une installation en rapport avec son accroissement,
» et qui lui revient, tout compris, à la somme de 16,000 fr., dont 11,000 fr.
» ont été pris dans sa caisse : elle a d'ailleurs, en ce moment, un approvision-

» nement en farine d'une valeur de 6,000 fr.; c'est donc un bénéfice de
» 17,000 fr. qu'elle a réalisé en quatre années.

» La société fait deux à trois fournées par jour : son personnel se compose
» d'un gérant, un trésorier, deux ouvriers et un porte-pain avec charrette à
» âne, en tout cinq personnes, qui coûtent par an 4,350 fr. La farine employée
» est un mélange de trois quarts minot et un quart résillon, ce qui donne un
» pain très-blanc et très-léger. A la fin de chaque mois, on ajoute, aux prix des
» marchandises consommées, les salaires des employés, le loyer du local, les
» polices d'assurances, etc., plus 25 fr. pour l'entretien du matériel et 30 fr.
» pour son amortissement en dix ans. Le montant de toutes ces sommes,
» divisé par le nombre de kilogrammes de pain livrés aux sociétaires, fait con-
» naître le prix à retirer du kilogramme de pain fourni; au 1er du mois suivant,
» les bons reçus de chacun d'eux sont réunis; ils doivent être retirés et payés
» du 5 au 15; celui qui n'a pas assez d'argent pour les retirer tous à la fois
» peut le faire par cinq bons au moins.

» Voici comment opère le bureau de crédit destiné à favoriser l'entrée, parmi
» les sociétaires, d'un chef de famille malheureux dont la bonne conduite est
» connue : on lui donne un livret sur lequel on inscrit les bons de pain qui lui
» sont délivrés, et avec lesquels il vient chercher lui-même son pain; il paie
» ensuite ces bons en versant, chaque semaine, une petite somme à sa volonté,
» jusqu'à la concurrence de 20 fr., alors il devient sociétaire en titre et le pain
» lui est porté à son domicile, ou bien il paie au bureau de crédit, au prix des
» boulangers ordinaires, son pain, qui est bien meilleur, et, en peu de temps,
» il s'acquitte ainsi de ses 20 fr. de droits d'entrée.

» La petite ville de Royan renferme neuf cent cinquante familles et compte
» sept boulangeries; celle de la société fournit à deux cent vingt familles ur-
» baines et à soixante-quatre de la campagne; les six autres fournissent, en
» moyenne, à deux cent treize familles au lieu de deux cent vingt. La moyenne
» du prix de vente de la société est, pour 5 kil. de pain, de 8 c. au-dessous
» du prix des autres boulangers; si la société avait cent actionnaires de plus,
» elle pourrait baisser son prix de 2 c. par kil. ».

Le Secrétaire de la Commission municipale,

Marc MAUREL.

M. E.-B. de Saharasin, demeurant à Bordeaux, a publié, sur la boulangerie et la question alimentaire, un travail dont il remet la première partie à la Commission. M. de Saharasin dit qu'après la viande le pain est le plus fortifiant des aliments ; aussi, plus le pain est cher, plus l'ouvrier en mange, et ce n'est pas un paradoxe : les substances alimentaires renchérissent avec le pain, et le pain, par sa supériorité nutritive, est en fait le moins cher de tous les aliments. De ce que tout le monde en consomme, il résulte que la question du pain touche à la politique ; donc, une très-bonne politique, c'est d'assurer, aux meilleures conditions possibles, le pain aux habitants d'un pays. Le déposant n'attend pas, de la liberté du commerce seule, une juste proportionnalité entre le prix du pain et celui de la farine ; cette proportionnalité n'existait même pas sous l'empire de la réglementation : la taxe mécontentait et le boulanger et le consommateur ; cependant les plaintes des boulangers n'étaient pas fondées, car la taxe leur allouait un prix plus élevé que ne le comportait la stricte équité. Voici quelles étaient les bases de la taxe officielle :

1° Le prix moyen de la farine pendant chaque quinzaine ;

2° Le rendement en pain calculé à 33 p. %;

3° Une bonification de 10 c. par kil. de farine pour frais d'exploitation et bénéfice.

En août, septembre et octobre 1870, d'après les prix moyens de la farine et du pain, la taxe *officieuse* a alloué 0ʳ0918 par kil. de pain, soit 6 fr. 10 c. par quintal de farine ; en partant de ces données, et en admettant une production de dix quintaux de pain par jour, le bénéfice annuel d'une boulangerie peut se calculer ainsi :

Bénéfice brut, à raison de 61 fr. par jour.................................. 22,265ʳ

   A déduire : Frais de toute nature, 25 fr. par jour............ 9,125ʳ

      D°   Admis pour pertes sur crédits.................... 2,140
                                            —————— 11,265

                                       Reste net..... 11,000ʳ

Mais le bénéfice d'une boulangerie ordinaire doit être plus élevé, car le rendement de la farine n'est pas, comme le prétendent les boulangers, de 33 p. %, mais bien de 40 à 45 p. %. Un boulanger, se retirant après fortune faite, déclarait, naguère, *devant témoin*, un rendement de 45 p. %, à quoi l'acquéreur répondit que c'était aussi le sien. Il est, en outre, à la connaissance de M. de Saharasin que le boulanger d'un grand établissement obtient un rendement supérieur à 40 p. % et parfois à 45 p. %. On peut donc admettre comme certain un rendement moyen de 40 p. %, ce qui augmente de

7 p. % le bénéfice évalué d'autre part; on doit, en outre, déclarer que les boulangers emploient rarement de la farine 1re qualité entièrement pure : ils la mélangent avec de la farine de 2me qualité dite *semble fine, semble seconde,* laquelle coûte un prix moindre et absorbe une plus grande quantité d'eau.

M. de Saharasin n'est pas, d'ailleurs, partisan de la taxe; il n'est pas non plus jaloux des bénéfices légitimes réalisés par les boulangers; son seul but est de mettre le consommateur en mesure de connaître l'écart entre le prix revenant du pain et son prix de vente; il veut aussi donner à chacun le moyen d'acheter en détail les provisions journalières au prix du gros, et pour cela il indiquera prochainement un système simple de crédit mutuel alimentaire.

M. W. Manès demande qu'il soit fait les rectifications suivantes à ce qui a été publié concernant la Société de panification de Royan :

1° Il a été fait deux omissions importantes, l'une relative à la garantie exigée de chaque sociétaire, et qui doit être égale au montant de la consommation mensuelle, l'autre relative au prix de vente du pain de la Société, qui doit être égal au prix de revient, augmenté d'une fraction de centime ou d'un centime au plus pour former un fonds de réserve : c'est cette réserve qui, avec les entrées, les actions, etc., a mis, dans la 4me année, à la disposition de la Société, la somme de 17,000 fr. dont il a été parlé;

2° Il a été fait plusieurs erreurs de chiffres qui, d'ailleurs, sautent à la vue; ainsi, ce n'est pas pour 5 kil. de pain que la Société fait payer 8 c. de moins que les boulangers ordinaires, mais c'est pour 1 kil.;

3° Quant au bureau de crédit, destiné à faciliter l'entrée dans la Société des personnes peu aisées, il remplit, pour les postulants, toutes les conditions voulues vis-à-vis de la Société. Il est traité comme un particulier, sans faveur ni remise; il a affaire ensuite avec ses propres clients.

Reçu de M. Richaud de Préville, de Pau, un travail sur la boucherie agricole fondée dans cette localité;

De M. Sébilleau jeune, de Bordeaux, un travail sur la boucherie, en réponse à celui de M. Parreau;

De M. Louis Bernard quelques renseignements chiffrés sur le même sujet;

De M. Jacques Chambaudet, propriétaire à la Rivière de Meilhan (Lot-et-Garonne), quelques observations relatives à la déposition de M. Ellies, de Jonzac.

Le Secrétaire de la Commission municipale,

Marc MAUREL.

M. Mothes, président de la section bordelaise de l'*Association Internationale des Travailleurs,* dont le siége est fixé rue du Loup, n° 76, remet à la Commission un travail rédigé par le bureau de cette Société; ce travail a donc une portée considérable, car il reflète les idées économiques actuelles, sur beaucoup de sujets, d'une fraction importante de la population de notre cité; ces idées, la Commission d'enquête n'a pas reçu mandat de les juger, et elle se bornera à porter à la connaissance du public bordelais les moyens proposés par l'*Association Internationale* pour rendre le pain et la viande accessibles à toutes les bourses; elle croit, toutefois, qu'il est de son devoir d'appeler incidemment l'attention du Conseil municipal sur des principes qui, pour être exposés de bonne foi, pourraient, néanmoins, présenter quelque danger, s'ils restaient à l'abri de la contradiction, et la Commission espère que la publication *in extenso* du travail de l'*Association Internationale* sera autorisée, car il est bon que toutes les idées se produisent au grand jour : il n'en est point de vraiment dangereuses, quand, au lieu de les comprimer, on leur laisse affronter l'épreuve de la publicité. Pour démontrer la nécessité de cette publication, la Commission estime qu'il suffit de citer ici le dernier paragraphe du document produit devant l'enquête par la section bordelaise de l'*Association Internationale:*

« La classe ouvrière, y est-il dit, la seule créatrice des richesses intellec-
» tuelles et matérielles, ne rentrera dans la possession intégrale des fruits de
» son travail que le jour où tous les instruments de production, la terre, le
» capital monétaire, les usines, etc., seront enlevés des mains des classes qui
» possèdent pour être restitués aux classes qui produisent. Alors seulement
» sera abolie la misère qui, dans le système bourgeois, croit en raison directe
» de la richesse ». (¹)

Voici maintenant ce qui, dans ce travail, se rapporte aux deux questions mises à l'étude par le Conseil municipal.

Les déposants réclament l'abolition de la taxe établie par l'accord des maîtres bouchers et boulangers; ils ne prendront pas la peine de critiquer un régime qui permet de créer la disette en pleine abondance; ils le condamnent sans même avoir égard aux circonstances atténuantes, et exposent de suite les mesures qui devraient, suivant eux, lui être substituées. Pour annuler les effets désastreux de la coalition des grosses bourses de la boucherie, la Ville consacrerait une certaine somme à l'achat des bêtes qui seraient tuées, dépecées et vendues à la criée. La Ville pourrait même se borner à accorder aux

---

(¹) Lire à la fin, pages 73 à 75, la reproduction littérale de la déposition de la section bordelaise de *l'Association Internationale.*

propriétaires, à titre de prime, une partie des droits d'entrée, quand la viande, provenant de leur bétail, serait par eux vendue à la criée ; mais pour faire produire à cette mesure toute son efficacité, la Ville devrait autoriser le colportage de la viande à domicile, car l'ouvrier n'a pas le temps d'assister aux enchères, et l'on verrait alors la concurrence des bouchers colporteurs empêcher les bouchers étaliers de taxer arbitrairement la viande.

Les déposants passent ensuite à la question de la boulangerie : d'après eux, cette industrie pourrait être aisément centralisée entre les mains des Administrations communales ; celles-ci créeraient à leurs frais des boulangeries où tous les procédés modernes de panification seraient appliqués, et le pain, ainsi fabriqué, serait livré à des détaillants qui le vendraient à un prix fixé par une Commission spéciale.

M. Jacques Chambaudet, propriétaire, engraisseur de bétail à la Rivière de Meilhan (Lot-et-Garonne), présente les observations suivantes que lui a suggérées la lecture de la déposition de M. Ellies, de Jonzac, au sujet de la boucherie. M. Chambaudet est opposé à toute espèce de taxe, et ne croit pas à l'efficacité de la taxe *consentie* proposée par M. Ellies : chaque boucher chercherait à vendre des qualités de viandes inférieures, afin de réaliser de plus grands bénéfices, et les producteurs ne pourraient amener au marché que des animaux secondaires, d'où il résulterait, avec le temps, une diminution notable dans la quantité de viande produite ; or, cette diminution tournerait évidemment au désavantage du consommateur. Le déposant affirme, comme étant le résultat de son expérience personnelle, que le producteur n'a de bénéfice que dans un engraissement complet ; il a donc intérêt à augmenter la quantité de viande disponible et à en perfectionner la qualité ; et par le jeu naturel du libre exercice de cette industrie, l'intérêt du producteur est en parfaite harmonie avec l'intérêt bien entendu du consommateur ; il ne faut donc pas empêcher un résultat si satisfaisant par des taxes arbitraires. D'après M. Chambaudet, le seul moyen de protéger le consommateur, c'est de veiller à ce que chaque boucher vende exclusivement la qualité de viande correspondant à sa classe. Il partage l'opinion de M. Ellies quant à l'excellent effet que produirait la vente du bétail au poids vivant : ce système ferait gagner beaucoup de temps en hâtant le renouvellement des opérations ; enfin, il croit l'entremise des commissionnaires très-utile, à cause des garanties de solvabilité offertes par ceux-ci aux propriétaires expéditeurs.

Le Secrétaire de la Commission municipale,
MARC MAUREL.

M. Sébilleau jeune, boucher, demeurant à Bordeaux, conteste le bénéfice évalué par M. Parreau à 104 fr. 50 c. par bœuf abattu. M. Parreau se trompe sur le prix de vente de la viande au détail; il fait erreur aussi en classant les différents morceaux; il n'établira jamais qu'il peut se trouver dans un bœuf 150 kil. de première catégorie.

M. Parreau se trompe encore, dit M. Sébilleau, en n'estimant les frais généraux d'une Maison de premier ordre qu'à 3,000 fr., et en portant les bénéfices annuels à 21,400 fr. M. Sébilleau conteste tous ces chiffres : il y a plus de frais et moins de bénéfices.

Voici, d'après M. Sébilleau, le résumé des frais généraux d'un boucher de première classe :

Deux garçons et un domestique..	1,250ᶠ »ᶜ
Nourriture de cinq personnes..	2,281 25
Loyer du logement.. 600ᶠ	
Location d'un étal.. 405	
Dᵒ d'un serrage, 15 fr. par mois........................... 180	
Dᵒ d'un grenier pour mettre le suif..................... 72	
	———— 1,257 »
Patente..	82 10
Bulletins, 5 fr. par mois..	60 »
Papier..	120 »
Étaux pour couper les viandes, 2 à 30 fr. l'un...................	60 »
Aiguisage des couteaux..	50 »
Entretien du linge et raccommodage...........................	60 »
Étrennes..	500 »
Transport des viandes de l'abattoir à l'étal, 2 fr. par bœuf...........	410 »
Mener les bœufs du marché à l'abattoir...........................	20 50
Pacage des bœufs, 1 fr. 45 c. l'un...........................	297 25
	————
	6,448ᶠ 10ᶜ

Résumé de la vente en détail d'un bœuf de 750 kil.

Quartiers de devant...............	164 kil. 500, à 1 fr. 28 c...............		210ᶠ »ᶜ
Dᵒ de derrière...............	235 » 500, à 1 fr. 46 c...............		344 60
Défarde...............	350 » »	....	72 25
	————		————
	750 kil. »		626ᶠ 85ᶜ
Achat d'un bœuf..			576 »
			————
BÉNÉFICE par bœuf...........................			50ᶠ 85ᶜ

205 bœufs, à 50 fr...................................... 10,250ᶠ bénéfice brut.
Frais généraux...................................... 6,448

RESTE.................... 3,802ᶠ bénéfice net.

M. Sébilleau jeune décompose comme suit les diverses catégories de viande produites par un bœuf de 750 kil., lesquelles se réduisent à 400 kil. après défalcation des déchets :

Vente à 2 fr. 40 c. le kil.

9 kil.	cuisse et dessous......................................	24ᶠ 60ᶜ	
8 »	milieu......................................	19 20	
18 »	couau et filet, milieu......................................	43 20	
12 »	aloyau bien paré......................................	28 80	
5 »	penons......................................	12 »	
52ᵏ »ᵍ			124ᶠ 80ᶜ

Vente à 2 fr. 20 c. le kil.

3 kil.	pointe à l'os, dessous......................................	6ᶠ 60ᶜ	
6 »	dᵒ dessus......................................	13 20	
10 »	couau et filet mal paré......................................	22 »	
19 »			41 80

Vente à 2 fr. le kil.

16 kil.	entre-côtes fines......................................	32ᶠ »ᶜ	
7 »	culotte......................................	14 »	
6 »	bifteck mal paré......................................	12 »	
29 »			58 »

Vente à 1 fr. 80 c. le kil.

2 kil. 500 gr.	osselines......................................	4ᶠ 50ᶜ	
5 »	palanques......................................	9 »	
10 »	cuisse et dessus mal paré......................................	18 »	
17 500			31 50

Vente à 1 fr. 60 c. le kil.

5 kil.	entre-deux mi-fines......................................	8ᶠ »ᶜ	
10 »	épaule maigre......................................	16 »	
2 »	fausse osseline......................................	3 20	
16 »	cuisse, ouverture......................................	25 60	
1 »	rognons......................................	1 60	
34 »			54 40

151ᵏ 500ᵍ *à reporter.*   *A reporter*........ 310ᶠ 50ᶜ

151ᵏ500ᵍ *report.*   *Report*............ 310ᶠ 50ᶜ

Vente à 1 fr. 50 c. le kil.

16   » côtes.. 24   »

Vente à 1 fr. 40 c. le kil.

36 kil. caprin.. 50ᶠ 40ᶜ
  6   »   aiguillette bien parée........................ 8 40
  6   »   veine... 8 40
 15   »   entre-côtes charnues......................... 21   »
  5   »   anguille... 7   »
68   » ⸺   95 20

Vente à 1 fr. 20 c. le kil.

  4 kil. aiguillette mal parée.......................... 4ᶠ 80ᶜ
 10   »   poitrine bien parée............................ 12   »
  6   »   épaule anguille................................ 7 20
  4   »   jarrets milieu.................................. 4 80
  2   »   audes peau...................................... 2 40
  4   »   cuisses rognures.............................. 4 80
30   » ⸺   36   »

Vente à 1 fr. le kil.

 10 kil. collet bien paré.............................. 10ᶠ »ᶜ
 10   »   poitrine mal parée............................ 10   »
  8   »   épaule parée................................... 8   »
  2   »   500 queue...................................... 2 50
  1   »   jarret petit bout.............................. 1   »
  4   »   rognure aude.................................. 4   »
35 500 ⸺   35 50

Vente à 80 c. le kil.

  8 kil. collet mal paré............................... 6ᶠ 40ᶜ
  2   »   jarret jointures............................... 1 60
10   » ⸺   8   »

Vente à 60 c. le kil.

 10 kil. audes bragues............................... 6ᶠ »ᶜ
  9   »   cuisse os à la reine......................... 5 40
 50   »   suif et dégraissage.......................... 30   »
69   » ⸺   41 40

380ᵏ »ᵍ *à reporter.*   *A reporter*........ 550ᶠ 60ᶜ

380ᵏ » ᵍ *report.*   *Report*............ 550ᶠ 60ᶜ

Vente à 30 c. le kil.

       12 kil. épaule ossages.............................. 3ᶠ 60ᶜ
        3 » jarrets.................................... » 90
        2 » os à sortir............................... » 10
 17   »   ——————   ———————— 4 60
 ____

397ᵏ » ᵍ
 3   » déchets.
 ____

400ᵏ » ᵍ   PRIX MOYEN, 1 fr. 40 c. le kil. environ.......... 555ᶠ 20ᶜ

M. Parreau, demeurant rue du Loup, répond à une demande d'explications ; il dit que les frais généraux d'une boucherie de premier ordre, en y comprenant l'*entretien de la famille*, s'élèvent à 8,960 fr. 75 c., soit 2,512 fr. 65 c. au-dessus des évaluations de M. Sébilleau jeune ; d'où il résulterait, si les prix de vente donnés par M. Sébilleau étaient exacts, que le bénéfice se réduirait, pour une Maison de premier ordre, à 1,290 fr., ce qui n'est pas admissible. M. Parreau laisse comprendre, sans l'exprimer formellement, que les morceaux *mal parés* se vendent aussi cher que les *bien parés*, d'où nécessairement il résulte une augmentation de bénéfices. M. Parreau convient, du reste, que les bénéfices réalisés actuellement par la boucherie sont transitoires : il y a peu de temps, un bœuf premier choix, de 750 kil., valait, hors barrière, 620 fr., et, avec les frais, 670 fr., et la viande ne se vendait pas plus cher qu'aujourd'hui. La même chose devra se produire quand Paris redemandera son approvisionnement habituel à la province : les bœufs augmenteront et la viande restera probablement aux prix actuels.

M. de Saharasin transmet à la Commission les renseignements officiels, ci-après reproduits, sur les prix actuels de la viande, dans la ville de Limoges :

Bœuf...................	1ʳᵉ qualité...................	1ᶠ 40ᶜ le kil.	
Dᵒ...................	2ᵐᵉ dᵒ...................	1 20	»
Vache...................	1ʳᵉ dᵒ...................	1 30	»
Dᵒ...................	2ᵐᵉ dᵒ...................	1 10	»
Veau...................	1ʳᵉ dᵒ...................	1 30	»
Dᵒ...................	2ᵐᵉ dᵒ...................	1 10	»
Mouton...................	1ʳᵉ dᵒ...................	1 60	»
Dᵒ...................	2ᵐᵉ dᵒ...................	1 10	»

M. de Saharasin fait remarquer la différence énorme de ces prix avec ceux pratiqués à Bordeaux, et cependant Bordeaux tire ses meilleurs bœufs du Limousin et du Périgord.

Le Secrétaire de la Commission municipale,

Marc MAUREL.

M. Richaud de Préville, de Pau (Basses-Pyrénées), a envoyé à la Commission un travail extrêmement remarquable sur la question de la boucherie. La Commission donne aujourd'hui le résumé de la première partie, en sollicitant l'attention bienveillante des personnes qui s'intéressent à la fois à la prospérité de l'agriculture et à la solution rationnelle des questions qui touchent à l'alimentation publique.

M. de Préville ne se permettrait pas d'intervenir, s'il ne savait, par une longue expérience, combien cette étude est difficile. Faut-il rétablir la taxe? Le déposant pense que ce serait une erreur considérable : la taxe est un acte de méfiance qui, au lieu de rétablir l'équilibre entre tous les intérêts, produit l'antagonisme et la fraude ; elle a généralement, pour effet certain, le renchérissement des viandes de qualité inférieure, ce qui est surtout désavantageux pour la classe la plus nombreuse.

Le régime de la liberté a-t-il produit de meilleurs résultats? M. de Préville répond négativement sans en imputer la faute au principe lui-même ; il croit découvrir la cause de cette non réussite dans la hausse croissante qui a fait presque doubler le prix de la viande en un petit nombre d'années.

Les avis, d'ailleurs, sont partagés à ce sujet : certaines personnes attribuent cette hausse à l'accroissement des centres populeux, d'autres à la suppression de la taxe.

Le déposant a longtemps étudié cette question en homme pratique : il a engraissé un nombre considérable de bœufs ; il en a fait vendre au détail pour son compte moyennant commission payée au boucher : jamais le boucher ne lui a rendu un compte exact du débit. Il a envoyé des bœufs à Paris au marché de Sceaux ; il a constaté un accord facile entre les divers membres du personnel du marché, et toujours il a été victime. Il a vendu des bœufs à la Cheville : c'est le meilleur système. Enfin, il en a envoyé au marché de Bordeaux qu'il a vendus au poids vif ; il a constaté là une excellente organisation administrative.

De toutes ces expériences, M. de Préville a pu tirer les enseignements suivants :

1° Toute Administration qui veut faire baisser le prix de la viande doit s'adresser directement à la production ;

2° La baisse ne sera jamais telle qu'elle puisse donner satisfaction à l'opinion publique.

L'intervention de l'Administration doit se borner à élucider la question au point de vue du producteur, du boucher et du consommateur. Le déposant, doutant beaucoup que le producteur et le boucher consentent à fournir des explications sincères à la Commission, va essayer de les donner lui-même.

A quel prix l'agriculture peut-elle produire les viandes grasses dans le Midi de la France ?

Les éléments de nourriture servant à l'engraissement des bestiaux sont divers, et il serait difficile de déterminer d'une manière absolue le prix de revient de chaque méthode mise en usage ; mais, en prenant pour type le foin, et en faisant usage des formules agricoles des maîtres en économie agronomique, on peut apprécier assez exactement ce que coûte la transformation des viandes maigres en viandes grasses.

M. Boussingault *(Chimie, dans ses rapports avec l'agriculture)* détermine la valeur nutritive de chaque substance alimentaire servant à la nourriture des bêtes à cornes, et M. le comte de Gasparin *(Agriculture pratique)* a vérifié et confirmé l'exactitude de ces analyses. Or, il ressort de ces études :

1° Que la ration à donner se détermine par le poids de la bête et par la qualité des substances (azote et graisse) contenues dans la nourriture ;

2° Que l'engrais fumier représente 80 p. °/₀ des substances azotées fournies par la nourriture, l'animal ne retenant que 20 p. °/₀ de ces substances ;

3° Que tout propriétaire qui peut obtenir l'engrais d'étable à raison de 2 fr. les 100 kil. d'azote contenus dans cet engrais, peut réaliser de beaux bénéfices.

A ces observations, M. de Préville joint celles obtenues par sa propre expérience (de 1846 à 1866) :

1° Il a obtenu en cent vingt jours l'engraissement d'un bœuf soumis à une ration fixée par son poids, en fournissant à l'animal cinquante-deux grammes d'azote par 100 kil. de son poids ;

2° L'augmentation de poids du bœuf soumis à l'engraissement a été en moyenne de six cents grammes par jour ;

3° Le prix moyen du foin, dans le rayon qui concourt à l'approvisionnement de la ville de Bordeaux, a été de 6 fr. les 100 kil.

4° Le prix moyen du bœuf maigre a été de 45 c. le kil. sur pied ;

5° Et le prix du bœuf gras 65 c. le kil. sur pied.

M. de Préville établit en conséquence, comme suit, le bénéfice réalisé sur un bœuf par le propriétaire engraisseur :

Achat d'un bœuf maigre pesant 500 kil., à 45 c. le kil...................... 225ᶠ »ᶜ

Nourriture pendant cent vingt jours, 3,000 kil. foin, à 6 fr............ 180 »

Prix revenant du bœuf engraissé............... 405ᶠ »ᶜ

Vente :

Bœuf engraissé, pesant 572 kil., à 65 c........................ 371ᶠ »ᶜ

Fumier, dont la valeur se fixe par les 80 p. % d'azote rejetés,

25 kil. 92, à 2 fr. 51 84

422 84

Différence au profit de l'engraisseur, en quatre mois........ 17ᶠ 84ᶜ

Le déposant estime donc que la production peut, dans les conditions ordinaires, livrer la viande de bœuf sur pied à 65 c. le kil.

Si l'Administration municipale pouvait obtenir que le producteur voulût lui envoyer directement, sur le marché de Bordeaux, les bœufs engraissés, quelle serait la quotité de la baisse qui pourrait être obtenue sur le prix de la viande ?

M. de Préville envoya, en 1855, sur le marché de Bordeaux, un lot de huit bœufs, dont voici le compte de vente :

N° 1,064. — Consignation du 23 avril 1855.

Décompte de huit bœufs vendus en commission par Bourdeille fils aîné,
pour compte de M. Richaud de Préville.

Huit bœufs, pesant 3,896 kil., vendus à 75 c. 40. .... 2,938ᶠ 50ᶜ

Frais à déduire :

Octroi......................	21ᶠ 25ᶜ	par tête......................	171ᶠ 65ᶜ	
Abattage....................	4 »	d°......................	32 »	
Plaçage....................	1 »	d°......................	8 »	
Surveillance..............	» 25	d°......................	2 »	
Fourrière.................	1 50	d°......................	12 »	
Commission...............	7 »	d°......................	56 »	281 65
	35ᶠ »ᶜ			

Produit net.................... 2,656ᶠ 85ᶜ

Il résulte, de ce décompte, que les frais, sans y comprendre le transport, s'élèvent à 35 fr. par bœuf ou à 7 fr. 30 c. par 100 kil., et que le prix de vente à Bordeaux fut de 75 c. 40 m. au lieu de 65 c. ; mais les bœufs avaient été soumis à cinq mois d'engraissement au lieu de quatre.

Après avoir donné le compte du producteur, M. de Préville fournit celui du boucher, à l'aide d'un relevé des opérations de la boucherie agricole de Pau. *(Voir le compte rendu détaillé de la boucherie agricole pour l'exercice 1868-1869, imprimerie Véronèse, rue des Cordeliers, à Pau.)*

Achat de 1,101 bœufs, pesant 648,603 kil. sur pied, à raison de
76 c. 86 m. le kil.. 498,603ᶠ »ᶜ
Le rendement en viande nette a été de 55 p. %, après jeûne de
vingt-quatre heures, soit 357,497 kil., dont le prix moyen de
vente a été de 1 fr. 35 c. le kil.......................... 482,620ᶠ »ᶜ
Le produit du cinquième quartier........................ 101,635 »

584,255ᶠ »ᶜ

Différence entre l'achat et la vente.................... 85,652 »

Somme égale................. 584 255ᶠ »ᶜ

Des faits exposés ci-dessus, M. Richaud de Préville tire les conclusions suivantes :

1° La production peut livrer, en temps ordinaire, la viande de bœuf à raison de 65 c. le kil. poids vif ;

2° Une Administration municipale, pour amener la baisse, doit s'attacher à attirer les producteurs sur le marché, afin de supprimer les agents intermédiaires inutiles ; les frais de toute nature, commission comprise, ne devraient pas dépasser 5 c. par kil. poids vif ;

3° La part de bénéfice revenant au boucher ne devrait jamais dépasser 5 c. par kil. de viande ; et, pour obtenir ce résultat, il faut organiser des boucheries par actions avec un bon directeur, dans le genre de celle qui fonctionne à Pau dans ce moment ;

4° En employant tous ces moyens, la baisse ne dépassera jamais le chiffre de 20 c. par kil.

C'est donc à tort, ajoute M. Richaud de Préville, que l'opinion publique réclame le rétablissement de la taxe pour obtenir une baisse sur le prix de la viande. Il est un moyen plus sûr d'arriver à ce résultat : c'est de faire un appel incessant à la production par une large publicité des cours du marché, et de laisser au temps et à l'intérêt privé le soin de développer cette production, qui, seule, peut efficacement amener des prix modérés par une offre de plus en plus abondante. La solution du problème est donc tout entière dans la liberté du marché et dans le progrès agricole.

Le Secrétaire de la Commission municipale,

MARC MAUREL.

———————

Après réception du travail remarquable de M. de Préville, travail dont l'analyse a été récemment communiquée au public bordelais par la voie des journaux, la Commission d'enquête avait adressé à l'honorable déposant les deux questions suivantes :

1° Quelle est votre opinion au sujet des chiffres produits devant l'enquête, en ce qui touche spécialement la boucherie ?

2° Pensez-vous que l'organisation de deux marchés en dehors des barrières de l'octroi, un sur chaque rive du fleuve, serait de nature à écarter les abus signalés par plusieurs déposants ?

M. de Préville, répondant à la première question, croit que les étaliers de Bordeaux, grands et petits, subissent le monopole de fait exercé par les intermédiaires ; il pense donc que le prix de revient des bœufs s'en accroît, et que celui de 80 c. le kil. indiqué par M. Parreau, pour la viande sur pied, doit être dépassé, sans quoi les cours n'auraient pas varié depuis 1856. (*N.-B.*—M. Parreau a déclaré qu'avant la guerre de 1870 les bœufs gras coûtaient à Bordeaux 90 c. le kil. poids vivant, et, en décembre, pendant le siége de Paris, 80 c. M. Sébilleau ne l'estime qu'à 768 m. à cette dernière époque.) Le déposant ajoute que MM. Parreau et Sébilleau jeune n'ont pu évaluer exactement les bénéfices d'une boucherie en n'appelant l'attention de la Commission que sur la vente des bœufs ; ils auraient dû faire entrer en ligne de compte la vente des veaux et des moutons, car un étal bien fourni vend dans les proportions suivantes :

1 bœuf,

2 veaux,

4 moutons ;

d'où il faut conclure que si un gros débitant gagne 18,400 fr. sur la vente de 205 bœufs, la vente des veaux et des moutons lui donne une somme égale, ce qui porterait le bénéfice total annuel à 37,000 fr. C'est démontré par le tableau comparatif des résultats généraux de la *boucherie agricole* de Pau. On y voit, en effet, que les bénéfices réalisés sur les veaux et les moutons sont plus considérables que ceux provenant de la vente des bœufs; on y voit, en outre, que la proportion, dans le nombre respectif des trois sortes de viande, reste la même durant quatre années consécutives.

M. de Préville ne croit pas à l'efficacité d'une réglementation pour la vente des viandes dans les étaux; il est partisan d'une liberté absolue : si les effets de la libre concurrence ne détruisent pas les abus, on ne peut remédier à ce fâcheux état de choses qu'en organisant une concurrence mieux entendue. Le déposant pense que, plus que dans toute autre ville de France, les débitants de viande de Bordeaux sont placés sous la dépendance *absolue* des agents intermédiaires du commerce de la boucherie; par conséquent, les bénéfices de ces débitants ne doivent pas être exagérés à cause de la grosse part prélevée par les intermédiaires. Si donc on rétablissait la taxe, la taxe aurait pour effet certain d'accroître la part des intermédiaires et de livrer au consommateur, pour un même prix, de la viande de qualité secondaire.

M. de Préville espère que le résultat de l'enquête ordonnée par le Conseil municipal de Bordeaux aura pour effet de diminuer, si non de faire cesser complétement, l'antagonisme qui régnait entre le consommateur et le débitant. Tout ce qu'on peut demander, c'est de rapprocher le plus possible le producteur du consommateur; mais l'on ne peut y arriver par la contrainte. Quels sont donc les moyens qui, alliés au principe d'une liberté absolue, peuvent produire une baisse sur le prix de la viande de boucherie? Le déposant a dit déjà, et ce sera sa réponse, que l'écart entre le prix d'achat payé au producteur et le prix de vente à l'étal n'est pas aussi grand qu'on se l'imagine; cet écart n'est que de 24 c. par kil. sur pied, ainsi que cela résulte, du reste, des calculs de M. Parreau; or, si de ce chiffre on déduit, pour frais de toute nature à Bordeaux, 7 c. 22 m., il ne reste que 16 c. 78 m. que se partagent les intermédiaires placés entre le producteur et le consommateur. M. de Préville ajoute que la *boucherie agricole* de Pau, organisée d'abord dans le but de faire baisser la viande, a été forcée d'y renoncer, car cette baisse était trop minime pour donner satisfaction à la consommation; il a fallu se borner — et, à ce point de vue, le résultat obtenu a une réelle importance — à arrêter les effets de la fraude en assurant la qualité et le poids à la clientèle; la qualité s'obtient en achetant les bœufs de choix, et en les payant, par conséquent, à un prix au-dessus de la moyenne du marché. Dans ces conditions, la *boucherie agricole* prospère, tout en rendant un très-grand service au public.

M. de Préville, sans contester certains avantages à la création d'un marché hors barrière, ne croit pas qu'une telle création fût de nature à entamer la forte organisation du monopole de fait dont la Ville de Bordeaux n'est pas seule à se plaindre.

Il faut remonter assez loin, dans le passé, pour découvrir les causes de la situation extraordinaire que font au commerce de la boucherie les commissionnaires. Il y eut d'abord une organisation en rapport avec la taxe imposée par les villes et les voies imparfaites de communication. Les villes voulurent avoir des agents pour faire déterminer le prix de la vente sur pied, afin de fixer avec équité, suivant les idées du temps, le bénéfice auquel les bouchers avaient le droit de prétendre ; de là, l'institution des commissionnaires. L'attache administrative donna de l'influence à ces agents ; et comme les bouchers n'étaient pas riches, l'idée vint naturellement aux agents, dès qu'ils en eurent les moyens, de leur faire des avances. On vit alors ces agents organiser en-dessous d'eux une société qui eut pour but d'aller au-devant des producteurs et de leur servir d'intermédiaire auprès des acheteurs de bêtes grasses. Quand vint l'ouverture des voies ferrées, la facilité des transports amena sur les marchés du rayon de Bordeaux les acheteurs des grands centres, tels que Paris, Marseille ; pour lutter avec eux, les commissionnaires durent se déplacer. Cette concurrence des acheteurs venus de divers points de la France amena entre eux une entente, ensuite de laquelle les achats de bétail, sur les lieux de production, furent soumis à une réglementation sévère. Voici ce qui arriva dans le rayon d'approvisionnement de Bordeaux : les achats de la *première heure* appartenaient exclusivement aux acheteurs de Paris et de Bordeaux, puis venait le tour successivement des villes du rayon, selon leur importance ; il en résultait que le prix des bêtes grasses déclinait avec le soleil, et il arrivait souvent que tel producteur, trop exigeant à midi, se voyait forcé, deux heures après, de subir les conditions inférieures offertes par les acheteurs d'une petite ville.

M. de Préville parle de l'émotion que jeta au milieu de cette organisation puissante l'ouverture de la *boucherie agricole* de Pau. Une alliance fut faite entre les sociétés de Paris, Bordeaux et les bouchers des diverses villes du rayon, pour obliger l'acheteur de la boucherie agricole à renoncer aux achats de la *première heure*, sous peine d'avoir à payer les bœufs plus cher que les acheteurs de Bordeaux. Les coalisés se sont trompés dans leurs calculs, car l'acheteur pour la boucherie agricole a choisi les qualités et les a payées à leur valeur relative.

Le déposant conclut de ces faits que le transport du marché de Bordeaux hors barrière ne modifierait en rien l'exercice du monopole dont l'organisation vient d'être signalée. Il propose, pour arriver au but recherché par le Conseil municipal de Bordeaux, les mesures administratives suivantes, afin de rapprocher le producteur du boucher, ce dernier devant être le seul intermédiaire naturel entre l'agriculteur et le consommateur :

1° Maintenir les lieux de vente actuels, parce que, possédant de grandes écuries, ils donnent au producteur la faculté de renvoyer la vente au marché suivant ;

2° Supprimer tous les droits autres que ceux d'octroi ;

3° Ne pas percevoir les droits d'octroi à la barrière et les prélever sur les viandes mortes à l'abattoir ;

4° Taxer les viandes suivant leur catégorie ;

5° Supprimer les commissionnaires à la vente, s'il en existe encore, et les remplacer par un employé que l'on désignerait sous le nom de Receveur municipal. Il serait chargé de percevoir le droit d'octroi après avoir constaté, sur un registre à souche, le prix de chaque transaction. Il serait aussi chargé, après la tenue de chaque marché, d'envoyer à tous les journaux de la ville les prix de vente des diverses espèces de bétail ; il leur ferait tenir aussi, à la fin de la semaine, les prix-courants de la vente au détail, chez les bouchers, de la viande de bœuf, de veau et de mouton ;

6° Créer une caisse spéciale de crédit pour venir en aide aux bouchers.

En engageant à prélever le droit d'octroi sur les viandes mortes, M. de Préville se propose d'encourager l'envoi, dans les villes, de la viande par quartiers, comme cela se pratique en Angleterre d'une manière générale et en France dans certaines régions. En proposant de différencier le droit selon les qualités, le déposant a voulu rectifier ce qu'il y a d'injuste dans le mode actuel de perception, car les viandes inférieures ne produisant que 50 p. °/₀ pour les quatre quartiers, se trouvent plus imposées que les viandes de qualité supérieure dont le rendement net est de 55 à 60 p. °/₀, tandis qu'en procédant comme il est demandé on exonère de tout droit la portion du bœuf dont la consommation appartient à peu près exclusivement à la fraction peu aisée de la population.

Le commerce de la boucherie, dit M. de Préville, offre ce singulier phénomène : avec un minime capital, on peut faire de très-grandes affaires et réaliser des bénéfices importants ; et, d'un autre côté, la partie qui se croit lésée par ces grands bénéfices retirerait un avantage à peine appréciable d'une réduction possible dans les prix; cela vient évidemment de ce qu'il n'est guère utilisé pour l'alimentation que la moitié du poids de l'animal, et que la peau et le suif sont soumis à des variations que n'aperçoit jamais le consommateur de la viande. M. de Préville termine son importante déposition en établissant, d'après les résultats obtenus par la boucherie agricole de Pau, en trois ans, la baisse qui pourrait être obtenue à Bordeaux si une association se formait sur le même modèle.

Dans l'espace de trois années, la boucherie agricole a acheté, avec un capital employé de 15,000 fr. environ, à raison de trois cents bœufs, six cents veaux et douze cents moutons par année, pour... 587,461ᶠ »ᶜ

Elle a vendu en viandes et cinquième quartier... .... 710,536 35

DIFFÉRENCE entre l'achat et la vente............... 123,075ᶠ 35ᶜ

En estimant les frais d'après le compte établi par M. Parreau, à raison de 3,000 fr. pour deux cent cinq bœufs, soit 4,500 fr. pour trois cents, cela fait, en trois années........................ 13,500ᶠ

Intérêts du capital 6 p. %, et amortissement 4 p. %, cela fait 1,500 fr. par an, ou, pour trois ans................ 4,500

18,000 »

IL RESTE................... 105,075ᶠ 35ᶜ

de bénéfices nets.

M. de Préville a déjà établi que l'écart entre l'achat de la viande sur pied et la vente à l'étal est de 24 c. environ par kil. sur pied; par conséquent, une boucherie par actions, organisée et dirigée comme celle de Pau, laisserait aux actionnaires un bénéfice de 40 c. par kil. de viande nette.

Le Secrétaire de la Commission municipale,

MARC MAUREL.

Bordeaux, le 8 octobre 1870.

Lettre de M. le Préposé en Chef de l'Octroi.

Monsieur le Maire,

La question que vous m'avez fait l'honneur de me poser peut se formuler dans les termes suivants :

Pourquoi l'abaissement sensible du prix du bétail chez le propriétaire n'a-t-il pas produit une réduction proportionnelle sur le prix de vente de la viande de boucherie sur le marché de Bordeaux ?

Faut-il attribuer cette regrettable anomalie à la spéculation exagérée des intermédiaires qui séparent l'éleveur du consommateur ?

N'en pourrait-on trouver une cause dans les formalités imposées par l'Administration pour garantir la perception des taxes d'octroi ?

Pour dégager immédiatement cette question complexe d'un élément secondaire et qui lui reste complétement étranger, il est utile d'établir d'abord comment procède l'Administration de l'Octroi.

Le règlement soumet à une taxe générale la viande *au poids;* mais, pour faciliter les opérations du commerce et les mouvements de toutes natures, ce droit n'est perçu qu'au marché, et l'introduction par les barrières est régularisée au moyen de *passe-debout* qui doivent être apurés, soit par la sortie de la ville des animaux qu'ils accompagnent, soit par un mouvement de comptabilité au moment de la vente à la boucherie.

C'est ainsi que tout éleveur ou tout conducteur peut conduire directement son bétail au marché et le vendre sans aucun intermédiaire, et que le propriétaire ou bouvier peut faire circuler librement ses attelages en ville.

A la vérité, pour assurer les garanties de la Caisse municipale, la consignation d'un droit approximatif et par tête est exigible à la barrière ; mais cette formalité est rarement exigée, et mon administration accorde tant de facilités dans son application qu'elle subsiste beaucoup plus en théorie qu'en pratique.

Ainsi, tous les introducteurs habituels ont un traité de cautionnement avec l'Administration, et sont, par conséquent, dispensés de consigner ; les conducteurs de charrettes sont généralement connus des receveurs, qui les laissent circuler librement, et, enfin, les jours de foire, la liberté des mouvements est assurée de la façon la plus libérale.

Ces points sommairement exposés, la question des commissionnaires subsiste seule.

Leur mode d'opérer est des plus simples, du moins, en apparence.

Des marchands parcourent les campagnes, achètent le bétail au propriétaire et le conduisent aux commissionnaires qui le vendent au cours du marché, moyennant un droit de courtage fixé à tant par tête (ce droit est de 6 à 7 fr. par tête de bétail à corne).

Le boucher ainsi approvisionné conduit les animaux à l'abattoir.

Là commence son exploitation : la viande est séparée des abats et issues, c'est-à-dire la peau, le suif, la graisse proprement dite, les cornes, etc., qui sont l'objet d'un commerce en dehors de la boucherie.

J'insiste sur ce détail qui a son importance; la vente de ces divers objets, affectés à l'industrie, constituant une source de profit pour le boucher, doit entrer pour une assez notable proportion dans la balance de ses prix.

Comme en ce moment ils subissent la loi de dépréciation que les circonstances imposent à toutes les denrées, il est probable que le boucher cherche une compensation dans le tarif de la viande.

Tout le rouage de ce mouvement semble assez normal et régulier.

Il n'a rien d'obligatoire, puisque chacun est libre de conduire son bétail directement au marché, je l'ai déjà dit.

La loyauté des transactions n'est-elle pas, en effet, suffisamment garantie par la liberté de la concurrence?

L'intervention des commissionnaires et des acheteurs ambulants n'a rien d'anormal en principe, et l'expérience a démontré que leur suppression, loin de rapprocher le producteur du consommateur, les éloignerait, au contraire, en raison des pertes de temps et des avances de frais auxquelles les éleveurs ou propriétaires ne voudraient pas se soumettre. Ce temps et ces frais sont, en effet, moins considérables et moins onéreux pour les industriels qui en font leur état et opèrent sur de nombreux troupeaux, que pour des agriculteurs qui seraient obligés de faire les mêmes sacrifices et de les répartir sur des quantités insignifiantes.

Ces principes établis et admis, il nous reste à rechercher si la pratique n'engendre pas des abus.

Les pays producteurs sont principalement l'Entre-deux-Mers, le Périgord, les Landes, le pays Basque, l'Espagne.

L'alimentation d'un centre de consommation aussi important que Bordeaux nous rend tributaires de toutes ces contrées à la fois, et nécessite, par conséquent, le déplacement continuel d'un grand nombre de pourvoyeurs.

L'éleveur ne livre son bétail que contre espèces.

Or, acheter en détail et grouper des troupeaux dans les campagnes constituent une opération longue et coûteuse.

Le prix d'achat s'augmente des frais de voyage, de séjour, de nourriture.

La certitude de la vente assure sans doute la rentrée des fonds avancés, mais cette vente n'est pas assurée pour le plus prochain marché, et chaque jour de retard vient grever le capital, exposé, du reste, à tous les *aléas* du commerce.

Il faut donc avoir à sa disposition un fond de roulement relativement considérable pour exercer fructueusement ce genre d'industrie, et c'est là que nous voyons apparaître le commissionnaire, dont les acheteurs ou ramasseurs ne sont en réalité que les agents ; ceux-ci font leur choix, débattent les prix et donnent rendez-vous à la foire prochaine ou au marché voisin ; le jour convenu, le commissionnaire se rend sur les lieux, prend livraison, paie comptant, et fait conduire le troupeau à Bordeaux pour le revendre à la boucherie.

Le courtier devient ainsi spéculateur pour son propre compte, et son droit fictif de commission est remplacé par le bénéfice réel de l'opération.

Ce commissionnaire, ou plutôt ce commerçant, après avoir absorbé le propriétaire, tend à absorber également le boucher, auquel il *impose*, en quelque sorte, un crédit de huitaine, et cela moyennant un droit de $\frac{1}{2}$ p. %.

Je dis qu'il *impose* ce crédit, parce qu'il m'a été affirmé que certains bouchers avaient cherché vainement à s'y soustraire, et je suppose que cette dépendance relative, sous laquelle il les tient tous, lui permet d'équilibrer ses prétendues complaisances, au détriment surtout de ceux qui lui offrent le plus de garantie de solvabilité.

Le voilà maître du marché, fixant les cours, entravant le mouvement du commerce, réalisant, en un mot, à son profit, sous l'apparence de la liberté, le plus despotique monopole.

Il m'a été affirmé, sur ce point encore, que des éleveurs ayant conduit euxmêmes leurs bestiaux sur la place, se sont vus enserrés de telle façon dans les difficultés de toutes sortes que les commissionnaires leur avaient suscitées, qu'après des efforts onéreux, mais impuissants, ils avaient dû finir par leur abandonner, à vil prix, leur marchandise dépréciée.

C'est évidemment là qu'est la cause principale des hauts prix de la viande.

Il y a bien aussi des bouchers, et ils sont nombreux, qui s'approvisionnent au jour le jour et achètent leur viande à la *cheville*, c'est-à-dire morcelée.

On cite même le nom de ceux dont l'entremise sert ainsi à alimenter leur modeste débit. Mais il paraît, et cela se comprend, que ces industriels n'ayant qu'une clientèle de deuxième et troisième ordre, n'achètent que de la viande de qualité inférieure, qu'ils la revendent en conséquence, et qu'en réalité ce surcroît d'intermédiaires n'exerce aucune action sérieuse sur les prix généraux.

En recherchant les éléments d'instruction qui m'étaient nécessaires pour me guider dans cette étude, j'en ai rencontré deux, d'un ordre inférieur sans doute, mais qui m'ont néanmoins frappé.

Ce sont deux rouages qui grèvent encore, quoiqu'indirectement, le prix de revient.

L'un fonctionne au marché, l'autre à l'abattoir.

J'ai dit, et il est certain, que tout le bétail conduit sur la place ne peut pas toujours être vendu en un jour.

Or, l'arrêté municipal du 20 décembre 1856, qui réglemente la police du marché, réserve exclusivement au fermier : d'abord (art. 8) la fourniture du foin, de la paille, du son, etc., nécessaires à l'alimentation des animaux.

De plus, un droit de séjour dit de parcage, et dont voici le tarif :

Pour bœuf, vache ou taureau, par jour... »f 20c
    Veau.. » 05
    Porc... » 05
    Mouton.. » 03
    Agneau.. » 02

Cette taxe qui incombe au propriétaire, et par conséquent que doit supporter le boucher pour les animaux dont il ne prend livraison que plusieurs jours après l'achat, vient encore ajouter aux frais qui grèvent la viande.

Tant que le règlement subsistera, et cette clause est, je le crois, une condition essentielle du traité qui lie le fermier et la ville, il sera difficile de la faire disparaître.

Toutefois, il est bon de noter en passant que son exécution cause un préjudice sensible à nos finances, et voici comment :

Le bétail présenté à la vente a été préparé par ses propriétaires, engraissé peut-être par des moyens factices, c'est le secret des éleveurs et des maquignons.

Eh bien, il a été constaté que le séjour dans l'étable du marché le réduit, en quarante-huit et même vingt-quatre heures, dans une proportion considérable. On a trouvé une réduction de 50 kil. sur un bœuf en vingt-quatre heures.

Or, la perception du droit d'octroi n'étant exigible qu'au moment de la sortie du marché, c'est-à-dire de l'introduction effective en ville, la différence qui résulte de cette réduction est supportée par la Caisse municipale.

Mais cette dernière observation trouvera sa place ailleurs, et je ne la mentionne ici que pour mémoire.

Le second rouage onéreux dont j'ai parlé fonctionne à l'abattoir.

Cet établissement, qui appartient désormais à la ville, perçoit un droit de *parcage*, qui est, je le crois, le même qu'au marché, plus un droit fixe de nourriture; si bien que le bétail y est encore imposé d'une façon absolue, qu'il ait mangé *ou non* pendant tout le temps qui s'écoule entre son introduction et son abattage.

Je suis bien loin d'accuser la bonne foi incontestable de l'administration confiée à un directeur parfaitement honorable assurément. Mais cette réglementation uniforme permet encore aux bouchers de suspecter la probité des agents subalternes, qu'ils accusent souvent de spéculer sur la qualité ou la quantité des fourrages. Or, l'expérience a démontré bien des fois que certaines règles et certains tarifs bien logiques et bien peu onéreux servent de prétexte aux détaillants, si non pour justifier, du moins pour expliquer des élévations de prix auxquelles ils renonceraient difficilement si l'Administration en faisait disparaître la cause apparente.

En résumé, il est certain :

Que ni les taxes ni les formalités imposées par l'Octroi ne sont onéreuses pour les introducteurs, et n'empêchent personne d'aborder le marché ;

Que le consommateur est séparé de l'éleveur par une distance considérable et de nombreux intermédiaires ;

Que le jeu de la spéculation, alors même qu'il est engrené dans les rouages administratifs et réglementé en conséquence, n'est pas de nature à favoriser l'abaissement des prix ;

Qu'enfin, si, d'une part, la liberté du commerce, qui est ici exploitée sur la plus large échelle, constitue un droit inaliénable et sacré, d'autre part les concessions accordées à l'industrie privée ont été et sont encore les principales conditions de la création et de l'existence du marché aux bestiaux et de l'abattoir, deux établissements dont l'utilité ne saurait être contestée.

Tel est, Monsieur le Maire, le résultat de l'étude à laquelle j'ai pu me livrer à l'aide des documents et renseignements que j'ai recueillis.

Je ne me sens ni assez compétent ni suffisamment autorisé pour conclure; mais, en présence de la situation nettement accusée des commissionnaires, il me semble que la concurrence est le seul moyen de combattre le monopole de fait qu'ils sont parvenus à établir.

Puisque leurs agents se multiplient pour aller prendre le bétail chez le propriétaire, pourquoi d'autres agents, salariés par des spéculateurs plus désintéressés, n'y seraient-ils pas envoyés? Pourquoi ne fonderait-on pas à Bordeaux une Maison de commission spéciale, qui, avec les mêmes moyens, parviendrait aux mêmes résultats, et, tout en réalisant un bénéfice suffisamment rémunérateur, ferait profiter le consommateur de la différence ou économie qui résulterait de ses opérations?

Une société en participation ne pourrait-elle s'organiser?

Sans doute, il faudrait du temps pour vaincre les répugnances que l'inertie et la trop grande facilité de l'existence ont engendrées dans les dernières années qui viennent de s'écouler contre toute idée un peu nouvelle et surtout un peu libérale.

Mais les difficultés du moment, et il est à craindre qu'elles s'accumulent rapidement désormais, feront bientôt comprendre la nécessité de recourir à des moyens énergiques pour faire face aux premières nécessités de la vie.

Les utopies d'hier seront les idées pratiques de demain, et l'association, ce grand levier dont une génération repue n'a usé que pour entretenir la corruption dans les masses au profit de ses appétits matériels, deviendra, par une réglementation sage et honnête, l'instrument obligé de la moralisation du commerce et de l'industrie.

Quelques efforts généreux sont peut-être nécessaires avant que ce but soit atteint.

L'institution qu'il y aurait lieu de créer pour contre-balancer l'action et l'influence des commissionnaires nécessiterait une première mise de fonds de 400 à 500,000 fr. peut-être.

L'Administration municipale ne pourrait-elle pas, pour son début, l'organiser, la commanditer même, en prélevant l'intérêt de son capital et en la confiant à un ou plusieurs agents *sûrs*?

Il est probable que, dans un temps peu éloigné, les consommateurs de toutes les classes s'en trouveraient bien, et que la spéculation honnête se substituerait promptement à la Ville, au moyen d'une émission de titres qui assureraient un bénéfice convenable.

C'est avec la plus grande réserve que je me permets de formuler cette proposition. Mais, quelle que soit la voie que l'Administration prenne, je crois que le moment d'agir est venu, parce que de nouvelles causes de hausse vont surgir.

La rareté des fourrages a déterminé les éleveurs à vendre leurs élèves, qui disparaissent journellement.

Avant longtemps le bétail sera d'une rareté extrême, et les difficultés actuelles deviendront des obstacles sérieux dans un avenir prochain.

Je n'ai pas besoin d'ajouter, Monsieur le Maire, que je suis tout disposé à faire ce qui dépendra de moi pour aplanir ceux qui, en réalité ou en apparence, proviendraient de l'application des règlements qui régissent l'Administration de l'Octroi ; et si, dans leur texte même, il se trouvait des dispositions gênantes, j'aurais le soin de rechercher et de soumettre à votre approbation les modifications nécessaires pour en adoucir les rigueurs ou en élargir l'interprétation.

Veuillez agréer, Monsieur le Maire, l'expression de mes sentiments les plus respectueux.

LE PRÉPOSÉ EN CHEF.

Bordeaux, 31 *mars* 1871.

Le Maire de Bordeaux à M. le Maire de Tarbes.

Monsieur le Maire,

J'ai l'honneur de répondre à votre lettre du 24 courant, n° 194.

Vous m'adressez deux questions que je crois pouvoir résumer ainsi :

« Quels sont les éléments actuels pouvant servir de base à l'établissement » sérieux d'une taxe *officieuse* pour le pain et la viande de boucherie? »

L'enquête ordonnée par le Conseil municipal de Bordeaux, entravée par les préoccupations de la guerre, va enfin se résumer; et, s'il est jugé utile d'en prescrire la publication, il vous en sera adressé plus tard quelques exemplaires.

En attendant, et sans entrer dans les détails, je puis vous faire connaître les faits principaux qui paraissent constatés et se dégager de l'enquête.

En ce qui touche la boulangerie, on semble avoir démontré :

1° Que la taxe est toujours éludée, qu'elle empêche tout progrès dans la fabrication du pain, et qu'enfin de compte une baisse *effective,* au point de vue nutritif, ne peut être obtenue par ce moyen;

2° Que la taxe *officieuse,* difficile à établir à cause des éléments essentiellement variables sur lesquels elle repose, exerce peu d'influence sur le prix de vente du pain ;

3° Que le seul moyen pratique d'obtenir pour le pain un prix naturel toujours en rapport avec le prix de la farine-type et les frais généraux de chaque localité, c'est de provoquer dans les villes, et par quartier, la formation de sociétés de consommation dans le genre de celle fondée à Royan le 17 janvier 1867, sous le titre de *Société civile de panification. (S'adresser, pour renseignements spéciaux, à M. A. Nicolas, président de la Société, et, pour des exemplaires des statuts, à l'imprimerie Florentin-Blanchard, Grande Rue, n° 1, à Royan (Charente-Inférieure.)*

Il résulte, en effet, des explications fournies à l'enquête par M. W. Manès, ancien ingénieur, que cette Société, tout en livrant un très-bon pain à ses divers membres, applique chaque année, soit au fonds de réserve, soit à l'agrandissement de son établissement et en améliorations diverses, un bénéfice qui ne s'élève pas à moins de *huit centimes* par kilogramme de pain.

Voici maintenant quelques indications relatives à la question de la boucherie, résultant aussi de notre enquête municipale :

1° En temps *ordinaire,* l'agriculture paie les bœufs maigres sur pied *(dans le rayon d'approvisionnement de Bordeaux)*, à raison de 45 c. le kil., et peut les revendre, avec bénéfice raisonnable, au bout de quatre mois d'engraissement à l'*étable* et *sur pied*, à raison de 65 c. le kil.; par conséquent, le surplus, quand les bœufs gras obtiennent un prix supérieur à 65 c., est un surcroît de bénéfice qui doit encourager le propriétaire engraisseur à augmenter sa production ;

2° Quelles que soient les réformes opérées dans les marchés pour arriver à une économie de frais, la baisse qui sera obtenue sur le prix de vente de la viande de boucherie ne sera jamais de nature à donner satisfaction à l'opinion publique *(M. de Préville établit qu'entre le prix d'achat et le prix de vente, il n'y a que 24 c. par kil. pour faire face aux frais et au bénéfice)*;

3° Il y a, dans l'exercice de la boucherie et dans le personnel qui l'alimente, des abus traditionnels que la taxe officielle ou officieuse est impuissante à supprimer ;

4° Le monopole de fait qui existe dans certaines localités ne peut être efficacement combattu que par la liberté absolue du marché, par une large publicité des prix de vente et des frais de l'étable à l'abattoir, par la simplicité et la facilité d'exécution des règlements administratifs, et enfin par la création, dans les villes, de boucheries par actions, dans le genre de la *boucherie agricole* de Pau. *(S'adresser, pour comptes rendus, à l'imprimerie Véronèse, rue des Cordeliers, à Pau ; et, pour renseignements spéciaux, à M. Leroy, directeur, et à M. Richaud de Préville. Vous verrez dans la Gironde du 21 courant le résumé de la première partie de l'intéressante déposition de ce dernier.)*

Cette boucherie, malgré les entraves que lui a suscitées une coalition formidable de marchands de bestiaux et de bouchers des localités voisines, est parvenue, tout en livrant de la viande d'excellente qualité à poids juste, à réaliser des bénéfices très-raisonnables; ainsi, le bilan de la *boucherie agricole*, au 30 novembre 1868, se résume de la manière suivante :

43,800 fr. capital réalisé ;

le bénéfice net a été de 7,865 fr. ;

soit, environ, 18 p. %, et les réserves antérieures se montaient à 10,278 fr. 93 c.;

5° Le rendement ordinaire d'un bœuf gras, en viande nette, est de 50 p. %; ce rendement atteint de 55 à 60 p. % quand les bœufs sont de qualité supérieure. On conclut de là que les droits d'octroi doivent être perçus non sur l'animal vivant, mais sur la viande nette à *l'abattoir;* les parties inférieures, consommées par la fraction peu aisée de la population, seraient ainsi exonérées de tout droit, et ce système faciliterait l'introduction, dans les villes, de la viande par quartiers.

Tels sont, Monsieur le Maire, les renseignements généraux que je puis aujourd'hui vous fournir en réponse aux questions que vous avez bien voulu me poser. Je dois ajouter qu'il se produit, depuis la cessation de la guerre, un phénomène économique dont je vais faire constater attentivement toutes les phases : c'est la hausse croissante de la viande de boucherie. Cette hausse doit nécessairement être très-forte, dès-à-présent, par les raisons qui suivent :

1° La cherté très-grande des fourrages, des racines et des sons;

2° Les ravages de la guerre et la destruction du bétail qui s'en est suivie dans les départements envahis;

3° La peste bovine qui exerce de très-grands ravages dans les pays parcourus par les armées;

4° L'ouverture, après épuisement complet, du grand marché de Paris.

Il est à craindre que la cherté produite par ces diverses causes soit lente à disparaître; elle pourra être atténuée par l'importation du bétail étranger par nos diverses frontières, grâce aux chemins de fer et aux bâtiments à vapeur, et enfin par l'introduction, dans la consommation usuelle, des viandes excellentes d'Australie, conservées en boîtes, et dont le prix (viande nette sans os et contenant assez de graisse pour assaisonner une quantité correspondante de pommes de terre ou autres farineux) ne dépasse pas 1 fr. 70 c. le kil., à Bordeaux. On peut en faire venir d'Angleterre; il m'a même été dit qu'il en existe un dépôt dans notre ville.

Veuillez agréer, Monsieur le Maire, l'assurance de ma considération distinguée.

Le Maire de Bordeaux,

ÉMILE FOURCAND.

BORDEAUX, 14 avril 1871.

Le Maire de Bordeaux à M. P. Richaud de Préville, à Pau.

MONSIEUR,

J'ai reçu copie, par l'entremise du secrétaire de la Commission d'enquête, de la lettre que vous lui avez adressée le 5 courant, et dans laquelle vous et M. Leroy, directeur de la boucherie agricole de Pau, vous voulez bien offrir, à la Municipalité de Bordeaux, le concours de votre expérience pour fonder et organiser, dans notre ville, une compagnie par actions, dans le but spécial de régulariser le débit des viandes de boucherie quant au prix, au poids et à la qualité.

Tout d'abord je dois vous remercier, Monsieur, non-seulement pour l'offre si désintéressée que vous faites à la ville de Bordeaux, mais encore pour les renseignements si intéressants que vous avez produits devant l'enquête.

J'ai dû faire part au Conseil municipal de l'offre si bienveillante que vous avez faite à la ville, de concert avec M. Leroy; il en a renvoyé l'examen à la Commission d'enquête, dont voici le rapport que j'ai l'honneur de vous transmettre textuellement :

« Votre Commission est d'avis que la mission du Conseil municipal consiste
» à maintenir la liberté absolue de toutes les industries, en n'intervenant jamais
» entre les parties contractantes; il doit se borner à faire respecter cette
» liberté par des règlements administratifs simples et impartiaux. Toute indus-
» trie nouvelle a droit, par conséquent, à sa bienveillance. MM. de Préville
» et Leroy peuvent donc venir parmi nous et être assurés de recevoir l'accueil
» dû à la juste considération dont ils jouissent parmi leurs concitoyens. Votre
» Commission, Messieurs, est même persuadée que, grâce à l'expérience
» acquise à Pau par MM. Leroy et de Préville, un appel fait aux capitaux bor-
» delais et à l'initiative privée pour la fondation à Bordeaux d'une boucherie
» modèle, aurait chance, dans ce moment, d'être accueilli favorablement;

» toutefois, elle estime que le Conseil municipal ne doit, en aucune manière,
» s'écarter de la neutralité impartiale qui fait sa force aux yeux de ses com-
» mettants. Votre Commission vous propose, dans tous les cas, quelle que soit
» la détermination finale de MM. Leroy et de Préville, de voter des remerci-
» ments à ces Messieurs, et de leur demander, pour le joindre au dossier de
» l'enquête, un projet d'organisation d'une boucherie par actions, auquel il
» sera donné à Bordeaux une large publicité ».

Je joins mes remercîments et mes vœux à ceux du Conseil, et vous prie
d'agréer, Monsieur, l'assurance de ma parfaite considération.

Le Maire de Bordeaux,

ÉMILE FOURCAND.

Pau, 12 mai 1871.

A M. Villette, adjoint au Maire de Bordeaux.

Monsieur,

M. Sers, l'un des censeurs du Conseil d'administration de la boucherie agricole de Pau et président de la Société, vient de me transmettre votre lettre du 11 courant, dans laquelle vous demandez l'envoi au Conseil municipal de Bordeaux des comptes rendus annuels de cette boucherie.

Sans chercher à m'initier dans la question si grave et si difficile qui préoccupe en ce moment la ville de Bordeaux, permettez-moi de vous dire, Monsieur, que j'avais suivi avec la plus vive attention la belle et claire analyse du travail adressé par M. Richaud de Préville, de Pau, à l'enquête publique sur le commerce de la boulangerie et de la boucherie, et inséré dans *la Gironde* des 21 mars et 8 avril 1871. J'avais remarqué, de plus, que les calculs de M. de Préville avaient eu pour base les comptes rendus que j'ai l'honneur de vous adresser aujourd'hui.

Je ne puis, dans une simple lettre, chercher à exposer et à faire apprécier des considérations particulières sur l'opportunité ou l'inopportunité du rétablissement de la taxe des viandes, mais je puis me borner à attester que M. Richaud de Préville a émis dans son travail des idées fort justes sur la production et le commerce des bestiaux gras.

Je n'hésite donc pas à me joindre à lui pour proscrire à tout jamais la taxe des viandes, ce vieux mode d'absolutisme qu'on peut toujours supposer entaché d'arbitraire et d'injustice.

On ne doit point, selon nous, laisser à une concurrence sans frein et sans contrôle la réglementation des denrées alimentaires telles que le pain et la viande. C'est dans l'association des intérêts privés et des intérêts généraux de chaque localité qu'il faut chercher le remède à un état de choses pour tous insupportable. Personne en France ne voudrait tenter de lutter aujourd'hui avec la direction des postes pour la célérité, la sûreté et le prix réduit de la taxe des lettres. C'est donc sur ce modèle que les grandes villes, par des associations honnêtes et vraiment d'intérêt public, doivent arriver à la création de boucheries borde laises, lyonnaises, nantaises, etc., qui seules peuvent entraver, et au besoin détruire, le parasitisme des intermédiaires.

La lutte, nous ne craignons pas de le dire, sera grande et longue, mais sans nul péril toutefois pour les sociétaires qui, s'ils restent constamment et fermement unis en vue de l'intérêt général, arriveront à obtenir des tarifs parfaitement réguliers et laissant à chacun le choix du magasin et de la marchandise. Or, créer un étal ou des étaux offrant au public l'honnêteté dans la vente, la qualité, le poids réel et le prix vrai, c'est résoudre la question comme elle a été posée par la boucherie agricole de Pau, et c'est pour nous, en un mot, la taxe naturelle par la liberté.

Veuillez agréer, Monsieur, l'assurance de mes sentiments les plus distingués.

Le Directeur,

LEROY

COMMUNICATION

DE LA SECTION BORDELAISE DE

L'ASSOCIATION INTERNATIONALE DES TRAVAILLEURS

AU CONSEIL MUNICIPAL

À PROPOS DE L'ENQUÊTE PUBLIQUE SUR LE COMMERCE DE LA BOUCHERIE ET DE LA BOULANGERIE.

BORDEAUX, *17 décembre 1870.*

CITOYENS,

L'enquête publique que vous faites sur le commerce de la boucherie et de la boulangerie prouve que vous êtes conscients de la misère qui s'abat sur la population ouvrière et du danger que pourra courir l'ordre bourgeois si on laisse les spéculateurs enflammer la colère populaire par leurs iniques exactions, aujourd'hui que, grâce à la levée en masse, les classes pauvres seront en partie armées : à Paris, dès le commencement du siége, on s'est occupé, d'une manière effective, de contre-carrer les projets des spéculateurs qui, dans les désastres de la patrie, ne voyaient qu'un moyen de remplir leurs coffres-forts.

Puisque l'enquête est publique, nous osons espérer que vous accorderez à l'opinion ouvrière toute l'importance qu'elle a dans cette question, car c'est surtout la classe ouvrière qui est livrée sans défense aux avides spéculateurs, et cependant c'est elle qui, pendant la guerre comme pendant la paix, porte tout le fardeau du travail social.

De tout temps les administrateurs des cités ont réglementé le commerce de la boulangerie et de la boucherie, car, de tout temps, l'alimentation publique a été plus ou moins considérée comme un service d'utilité publique bien plus important que les routes, les postes, la monnaie, etc..., et il a été pensé que les industriels et commerçants qui l'exploitaient devaient être plus spécialement surveillés que les autres (¹).

Toutes les réglementations, a quelques exceptions près, n'ont su qu'aboutir à la taxe; nous, nous réclamons l'abolition de la *taxe* établie par les syndicats des maîtres bouchers et boulangers. Personne ne pourra nier l'existence de cette taxation, puisque votre premier rapport ne peut s'empêcher de constater que, tandis que la valeur de la viande sur pied baissait de 4 p. %, celle de la « viande vendue au marché n'avait pas diminué d'une manière sensible, ou du moins n'avait pas diminué dans la même proportion ».

Nous ne nous arrêterons pas ici à critiquer un système qui permet de créer la disette en pleine abondance,

---

(¹) L'empire même fut obligé de mettre un frein à la verve judaïsante des directeurs du *crédit mobilier*, qui, par un de ces coups hardis qui leur ont si souvent réussi, voulaient accaparer le commerce des blés pour le mener comme ils menaient le *crédit mobilier* de ruineuse mémoire.

parce que nous le condamnons sans même prêter attention à ses circonstances atténuantes que nous connaissons bien, soyez en convaincus, citoyens : nous aimons mieux exposer immédiatement les mesures que nous désirerions vous voir prendre.

Commerce de la boucherie. — Pour annuler les effets désastreux de l'association des gros bonnets de la boucherie, qui, par leurs *ramasseurs*, achètent le bétail chez le propriétaire même pour le revendre aux étaliers, la ville consacrerait une somme à l'achat de bêtes qui seraient tuées, dépecées et vendues à la criée, la ville n'aurait même besoin que de dégrever d'une partie des droits d'entrée le bétail vendu aux enchères par le propriétaire.

L'ouvrier ne pouvant assister aux enchères, et n'ayant pas la bourse à la hauteur des pièces relativement trop fortes qu'on y débiterait, ne profiterait de cette mesure que si l'on autorisait le colportage de la viande : grâce à la concurrence des colporteurs, les bouchers boutiquiers ne pourraient *taxer* arbitrairement la viande.

Commerce de la boulangerie. — Nous nous trouvons ici en présence d'un problème à la fois moins compliqué et plus difficile à résoudre. La boulangerie est une industrie qui pourrait aisément être centralisée entre les mains des Administrations communales; les manutentions militaires prouvent cette facilité de centralisation; mais, pour arriver à ce but, il faudrait que ces administrations, aiguillonnées par le pressant besoin de l'heure actuelle, sortissent de l'ornière où elles cheminent depuis de grasses années : mais la sainte routine est si puissante !

Cependant, dans cette mesure seule, on aurait chance de trouver quelque adoucissement à la triste condition de la classe ouvrière.

L'Administration communale créerait à ses frais des boulangeries où tous les procédés modernes de panification seraient employés. On n'y fabriquerait pas du pain de luxe, car nous ne tenons nullement à augmenter le bien-être des classes riches, au bénéfice desquelles tout notre système social est organisé.

Le pain fabriqué par ces boulangeries serait livré à des détaillants qui, comme pour le tabac, ne pourraient le revendre qu'à un prix fixé par une Commission spéciale.

Pour que les ouvriers de cette nouvelle administration n'y rencontrent tous les malheurs attachés à la condition d'ouvrier, ils seraient les seuls appelés à élire leurs chefs et à fixer le salaire que chaque employé devrait toucher au prorata de la quantité et de la qualité de son travail. Mais pour que cette administration, qui posséderait tous les caractères d'une association coopérative, ne devînt exploitrice à son tour, une Commission nommée en dehors de son sein serait chargée d'établir le prix du pain en se basant sur le prix du blé et du salaire de l'ouvrier, et d'empêcher que cette association ouvrière de coopération ne se transforme en une société bourgeoise de commandite, comme ont toujours fait les rares associations coopératives de production qui ont pu réussir.

Par ces mesures démocratiques, on éviterait tous les vices des grandes administrations tant privées que publiques, dans lesquelles plus l'on travaille moins l'on est payé, et dont les états-majors oisifs, et la la plupart du temps composés d'incapables, mangent les plus gros profits.

Si les membres du Conseil municipal sont vraiment animés du désir d'aider les classes pauvres à traverser la misère présente, ils doivent hardiment prendre les mesures que nous leur proposons.

La classe propriétaire, pendant les dix-huit années qui viennent de s'écouler, a été le seul soutien du régime bonapartiste; toutes nos chambres législatives n'ont été composées que de bourgeois; jamais un ouvrier représentant les intérêts de la classe ouvrière ne s'y est compromis. Bonaparte, pour reconnaître les services que lui rendait la haute bourgeoisie, employait à l'intérieur ses chassepots à écraser les ouvriers en grève. La classe propriétaire doit comprendre qu'une lourde responsabilité, dans les malheurs actuels, pèse sur elle, et que, pour en atténuer les effets, elle ne doit pas marchander sur les moyens.

Les membres du Conseil municipal ne doivent pas se laisser arrêter par les préjugés répandus par les économistes officiels; ils doivent énergiquement mettre des entraves à l'exploitation particulière que l'on décore du titre pompeux d'initiative individuelle. En agissant comme nous leur conseillons d'agir, ils seront dans la vérité des choses. L'étude des catégories économiques nous les montre d'abord livrées à l'exploitation particulière, et finissant par être centralisées entre les mains d'une administration impersonnelle. La possession des routes, la fabrication de la monnaie, le droit de rendre la justice, de lever des troupes, etc..., après avoir été les prérogatives individuelles des chefs féodaux, sont aujourd'hui comprises parmi les attributions impersonnelles du pouvoir central. Beaucoup d'organismes industriels, créés depuis le triomphe de la classe bourgeoise, sont déjà soustraits à l'exploitation particulière.

Les mesures que nous proposons sont déjà prises par les grands chefs industriels. Pour ne parler que de la France, MM. Dollfus, Kœchlin, Schneider, etc..., achètent en gros tous les objets de consommation nécessaires à leur population ouvrière et les leur revendent au prix de revient; ils suppriment de cette façon tous les intermédiaires entre le producteur et le consommateur. Abaissant ainsi le prix des objets consommés par leurs ouvriers, ils peuvent abaisser le taux de leur salaire. Il a été en effet établi même par les économistes officiels, Ricardo en tête, que le taux normal du salaire était donné par le prix des objets que réclamait l'entretien de la force vitale de l'ouvrier, et que, par conséquent, plus celui-ci pouvait vivre à bon marché, plus la valeur de son salaire diminuait.

Si donc le Conseil municipal entre dans la voie que nous lui indiquons, tout en soulageant momentanément la misère populaire, il ne fera que suivre l'exemple des grands chefs industriels et travailler pour leurs intérêts; ce qui ne doit point lui déplaire.

CITOYENS,

Quand les économistes officiels, ces apôtres joufflus, rentés par la bourgeoisie pour psalmodier sur tous les tons les bonheurs du système économique bourgeois, se butent contre des questions de détail semblables à celle que soulève votre enquête, s'ils sont habiles, ils se retranchent dans les généralités nuageuses; s'ils sont naïfs, ils reconnaissent tout étonnés, comme vous l'avez fait dans votre premier rapport, qu'il y a monopole dans quelque coin.

Si, animés d'un esprit impartial, vous étudiez toutes les autres questions industrielles et commerciales, vous seriez forcé d'arriver à la même conclusion : que le monopole existe, et qu'il est tourné au profit de quelques-uns et au détriment de la grande majorité des citoyens.

En effet, le système bourgeois comme le système féodal repose sur le monopole : — Tandis que le titre qui était attaché à la terre constituait le privilége du noble, la propriété qui prend une forme de plus en plus mobilière constitue le privilége du bourgeois. Et quand les économistes bourgeois réclament la liberté, ils entendent par liberté *la liberté des capitaux* et non *la liberté individuelle* : en effet, jamais la liberté individuelle n'a été plus écrasée que sous le règne despotique des possesseurs du capital. L'homme, la femme, l'enfant même sont livrés à la merci du patron, qui décide de leur sort en souverain maître, tant qu'ils ne sont pas constitués en société de résistance.

L'élite du prolétariat européen et américain est arrivé à cette conviction scientifique que toutes les réformes partielles sont impuissantes à améliorer le sort de la classe ouvrière d'une manière sérieuse et durable, et que la classe ouvrière, la seule créatrice des richesses intellectuelles et matérielles, ne rentrera dans la possession intégrale des fruits de son travail que du jour où tous les instruments de production, et par instruments de production nous entendons la terre, le capital monétaire, les usines, etc...., seront enlevés des mains des classes qui possèdent pour être restitués aux classes qui produisent. Alors seulement la misère, qui dans le système bourgeois croît en raison directe de la richesse, sera abolie.

Recevez, Citoyens, notre salut égalitaire.

Pour la section bordelaise de l'*Association Internationale des Travailleurs* :

Le Président de la séance,
MOTHES, tonnelier.

Le Secrétaire de la section,
E. LARROQUE.

Fait à Bordeaux, le 17 décembre, au siége de la section, rue du Loup, 7t